湖南现代物流职业技术学院

简史

主编　龙吟

1965—2025

中国轻工业出版社

图书在版编目（CIP）数据

湖南现代物流职业技术学院简史 / 龙吟主编. 北京：中国轻工业出版社，2025. 9. -- ISBN 978-7-5184-5688-8

Ⅰ. G719. 286. 41

中国国家版本馆CIP数据核字第20251N1V96号

责任编辑：刘　晶

策划编辑：张文佳　刘　晶　　责任终审：劳国强　　封面设计：锋尚设计

版式设计：砚祥志远　　责任校对：吴大朋　　责任监印：张　可

出版发行：中国轻工业出版社（北京鲁谷东街5号，邮编：100040）

印　　刷：三河市万龙印装有限公司

经　　销：各地新华书店

版　　次：2025年9月第1版第1次印刷

开　　本：787 × 1092　1/16　印张：8.5

字　　数：126千字

书　　号：ISBN 978-7-5184-5688-8　定价：39.80元

邮购电话：010-85119873

发行电话：010-85119832　010-85119912

网　　址：http://www.chlip.com.cn

Email：club@chlip.com.cn

250747J2X101ZBW

历史沿革图示

1965 年 7 月
湖南省物资学校创办（校址设在常德市落路口）
1968 年
湖南省物资学校停办
1978 年
湖南省物资学校恢复办学（校址设在原湖南省财经学校）
1979 年
搬迁至长沙县五美区梅花公社
1983 年
湖南省物资学校迁入长沙远大二路东郊泉塘
1975 年
湖南橡胶厂“七·二一”工人大学
1982 年
长沙市化学工业局职工大学
1991 年
湖南省石油化工职工大学长沙分校
2003 年
湖南省石油化工职工大学
2004 年
两校合并筹建新学院
2005 年
湖南现代物流职业技术学院正式建立
2005—2010 年
升格启程
2011—2020 年
内涵建设
2021—2025 年
战略升级
2025—
未来展望

02 历史沿革

❶ 2025 年湖南现代物流职业技术学院校门
❷ 1965 年湖南省物资学校创办初期常德市落路口旧址
❸ 1979 年湖南省物资学校搬迁至长沙县五美区梅花公社旧址
❹ 20 世纪 80—90 年代湖南省物资学校老校门
❺ 湖南省石油化工职工大学老校门
❻ 2005 年湖南现代物流职业技术学院老校门

	1	
2	3	
4	5	6

03 校园风光

❶ 大学生创新创业基地、教学楼
❷ 笃行楼
❸ 明德楼
❹ 田径场
❺ 月牙亭

1	
2	3
4	5

04 学校荣誉

❶ 国内贸易部系统重点中专学校
❷ 2002 年湖南省中等职业学校教学工作优秀学校
❸ 全国最具特色职业院校
❹ 2008 年获物流人才培育杰出院校
❺ 2012 年中国物流与采购联合会科学技术进步奖一等奖
❻ 2021 年获湖南省普通高等学校先进党校

1	2
3	4
5	6

获奖证书

湖南省 代表队

在 2019 年全国职业院校技能大赛高职组智慧物流作业方案设计与实施赛项比赛中荣获团体一等奖。

学校名称：湖南现代物流职业技术学院

选手姓名：肖 建 周雨诗 陈思宇 文福家

指导教师：谭新明 袁世军

全国职业院校技能大赛组织委员会

二〇一九年五月

编号：201900449

获奖证书

CERTIFICATE OF AWARD

作品名称：纸箔逆袭 双碳战略下生鲜冷链包装变革者

在中国国际大学生创新大赛（2023）中荣获银奖

参赛学生：李帅、苏欣鑫、尹家祺、贺佳文、谭伟、刘迎、唐敏、孙李千娃、唐明娟、李晗

指导教师：向明月、刘淑一、米志强、曾芳萍、向贤伟

主办单位：

教育部、中央统战部、中央网信办、国家发展改革委、工业和信息化部、人力资源社会保障部、农业农村部、中国科学院、中国工程院、国家知识产权局、国家乡村振兴局、共青团中央、天津市人民政府

中国国际大学生创新大赛组委会

二〇二三年十二月

证书编号：20230130J

❶ 2019 年全国职业院校技能大赛高职组智慧物流作业方案设计与实施赛项一等奖

❷ 2022 年获第十三届"挑战杯"中国大学生创业计划竞赛金奖

❸ 2023 年获中国国际大学生创新大赛银奖

❹ 2023 年获第十八届"振兴杯"全国青年职业技能大赛学生组创新创效竞赛全国决赛铜奖

❺ 2023 年获"建行杯"第九届湖南省"互联网 +"大学生创新创业大赛一等奖

❻ 2024 年宣传信息思政党支部获"全国党建工作样板支部"荣誉称号

1	2
3	4
5	6

06 交流学习

1	
2	3
4	5

❶ 学校党委书记为蒙古国能源部发电专业高级研修班授课
❷ 学校助力中非经贸发展分享 AI 技术赋能职教创新路径
❸ 学校与巴基斯坦 NAQI AZAM 培训机构签订友好协议
❹ 学校参与援助利比里亚时与诺贝尔和平奖获得者、时任利比里亚总统的埃伦合影
❺ 学校领导老师赴英国培训学习交流

07 产教融合

❶ 湖南工匠学院智慧物流分院揭牌仪式
❷ 全国智慧物流工程行业产教融合共同体成立大会
❸ 全国物流职业教育教学指导委员会课程思政专委会第一次会议
❹ 湖南现代物流职业技术学院第三届党委班子合影
❺ 湖南省现代物流职业教育教学指导委员会成立大会暨第一次全体委员工作会议
❻ 校内实训场景

1	2
3	4
5	6

08 校企合作

❶ 京东物流集团与学校共建智能供应链产业学院
❷ 学校与海康威视举行定向物流专业“星火班”开班仪式
❸ 学校与佛山市顺德区湖南商会在顺德举行政校企三方战略合作协议签署
❹ 校企协合作工业数字营销实验班签约现场
❺ 校企深化合作，共赴智慧物流“芯”时代
❻ 加入东南亚职教产教融合联盟，共建“一带一路”产业学院
❼ 学校为就业合作企业授予“实习就业基地”牌匾

1		2
3		4
5	6	7

❶ 20 世纪 80—90 年代校运会开幕式表演人员合影
❷ 1989 年长沙地区中专学校篮球赛男子组第三名
❸ 20 世纪 80—90 年代开学典礼
❹ 2005 年元旦晚会
❺ 2005 年湖南现代物流职业技术学院首届田径运动会
❻ 2007 年开学典礼

1	2
3	4
5	6

10 校园文化

	1	
	2	3
	4	5

❶ 第七届“不忘初心　匠心育人”晚会
❷ 2021 年开学典礼学校党委书记为新生赠书
❸ 2023 年校运会
❹ 2024 年毕业典礼
❺ 2025 年毕业典礼

❶ 1986年湖南物资系统储运管理短训班结业留影
❷ 1987年湖南省物资学校第四届经理局长经考班学员合影
❸ 1989年湖南物校经营管理三班毕业留念
❹ 1994年湖南省物资学校经管十九班毕业留影
❺ 1994年长沙市化工技校九二级橡胶工艺班毕业留影
❻ 1998年湖南省石油化工职工大学九六财会班毕业留影
❼ 2003年湘物资学校商务二班毕业留念

1		2
3		4
5	6	7

12 毕业合照

1	
2	3
4	5

❶ 2021 年湖南现代物流职业技术学院酒店管理 1801 班毕业留念
❷ 2005 年湖南现代物流职业学院信息四班毕业留念
❸ 2019 年湖南现代物流职业技术学院汽车 1601 班毕业留念
❹ 2024 年湖南现代物流职业技术学院空中乘务 2101 班毕业留念
❺ 2025 年湖南现代物流职业技术学院智能物流技术 2201 班毕业留念

本书编审委员会

序

六秩春秋，星河璀璨，沧桑与辉煌共谱华章；

一甲子路，弦歌不辍，初心与使命铸就荣光。

回望1965年，湘楚大地春潮初涌。原湖南省物资局为振兴行业，于长沙南郊农机化学校旧址点燃教育星火，此即学校前身。四迁校址，见证峥嵘：从农机校舍到财经学校廊檐，从梅花乡野到泉塘新域，每一次迁徙都是破茧新生。四十载中专岁月，物资学校与石油化工职工大学并蒂绽放，终在2005年化蝶为湖南现代物流职业技术学院。学校沐改革开放之时代春风，擎新时期教育改革奋进之火炬，享高校扩招之福祉，踏上一条曲折坎坷、自强不息的发展壮大之路，其间风雨沧桑，世事沉浮，难以尽数。而今，当年百余人学堂已成九千学子殿堂，“国家重点中专”的荣光早已升华为“湖南省楚怡高水平高职学校和专业群建设计划建设单位”的桂冠。

学校初创之际，仅有学子198人，至20世纪80年代末，学生人数已逾1000，2005年，学生规模突破3000，如今已有9000余人。学校教师——数以百计的园丁，以其辛勤耕耘，成为此一方绿色家园之持续开拓者；学校学生——数以万计的接班人，亦于此跨越山岗、追逐梦想、开创辉煌。六十载的历史行程，从无至有，从小至大，从幼稚至成熟，从简约至繁盛，我辈辛勤耕耘于此，留下创业者闪光之足迹。

六十年间，“物流人”执教育薪火，以“明德、崇技、笃行、砺志”为舟楫，在时代长河中激流勇进。从粉笔黑板到智慧教室，从传统仓储教学到5G物流仿真系统；从“校企合作”的初步探索到“现代物流产业学院”的深度融通；从湘江之畔到“一带一路”职教联盟，我们始终以物流之脉搏，应和时代之节拍。特别是近十载，学校乘“双高计划”东风，构建“岗课赛证”融通体系，打造“数智物流”新高地，让“绿色摇篮”孕育出全国职业院校技能大赛金奖得主、“湖湘工匠”新锐。

学校现为全国唯一一所以现代物流为主导专业的学校，乃物流教育之绿色摇篮。学校秉承“以人为本，崇技强能，质量立校，特色兴校”之办学理念，恪守“明德、崇技、笃行、砺志”之校训，弘扬“团结、勤奋、求实、创新”之校风，确立“对接产业、工学结合、提升质量、打造品牌”之办学思路，探索出“依托集团平台、校企深度合作，敏捷响应市场，柔性订单培养”“用现代物流理念培养现代物流人才”之人才培养模式。学校以现代物流专业群建设为龙头，全面推进综合素质教育，为我国物流行业、为湖南区域经济发展输送了大批优秀人才。

历史乃过去之真实，在此生动画卷中，我辈觉其悠远与温馨、亲情与激励、深沉与博大，盖因此即我辈走过之真实道路，为数代物流人用勤劳和智慧创造之果实。翻开校史长卷，万千身影跃然纸上：有拓荒者披荆斩棘，在牛棚教室书写教案；有改革者勇立潮头，将“柔性订单培养”理念化作现实；更有新一代师者，在虚拟仿真实训室里编织智慧物流的未来。六万桃李遍布九州，或执掌物流枢纽，或创新供应链模式，或深耕跨境电商，以实业报国的赤诚，诠释着“崇技强能，质量立校”的真谛。

值此甲子华诞，我们以最深的敬意致谢：致敬前辈筚路蓝缕，在动荡岁月守护教育火种；感恩同仁栉风沐雨，用青丝白发浇筑职教丰碑；致礼校友反哺情深，以卓越成就为母校加冕。特别缅怀已故先贤，他们的精神如北辰恒耀，指引我们前行。是他们于不同时期用汗水与心血铺设发展向上的台阶，方有学校今日之辉煌；是他们在艰辛时期对这方沃土所进行的不懈打造，方有学校今日之繁荣局面。他们对教育之忠诚、艰苦奋斗之作风、严谨教学之态度、无私奉献之精神，我们将发扬光大；他们不可磨灭的功绩，将与湖南现代物流职业技术学院之大业永存。

回顾过去、展望未来，感谢前人、激励来者，用史料真实反映学校发展之历程，是对学校历史文化之积淀与升华。由此，学校决定编修《湖南现代物流职业技术学院简史》，成立校志编纂委员会，搜集线索，整理资料，将于2025年10月上旬出版，向校庆六十周年献礼。经编委老师们披沙拣金、集腋成裘，在社会各方大力支持下，校志终其付梓，甚幸。

在校志编纂过程中，各编委老师本着求真务实之态度，以时间为经，校务性质为纬，分门别类，使读者能一目了然。在编排体例及内容上力求系统、完整、准确，编写形式以记叙为主，直陈史实。对于史实因年代久远难以取证及校友无法联系的部分，暂付阙如。

这部新版校史，是穿越时空的对话，更是面向未来的宣言。编纂团队遍访耆老、钩沉档案，让口述史与大数据共绘教育图谱。虽偶有史料遗珠之憾，然求真实录之志未改。愿这卷流淌着六十年光阴的册页，成为继往开来的精神火炬。

教育家陶行知曾言："教育为公以达天下为公。"展望新甲子，物流人当以"链通天下"的气魄，构建现代物流职教新生态。让我们共同期待：当百年校庆钟声响起时，今日播下的智慧种子，已长成支撑民族复兴伟业的参天栋梁！

龙吟

2025 年 7 月

目 录

第一章

奠基启航：物资学校与石油化工职工大学时期

（1965—2005年）

第一节　筚路蓝缕：湖南省物资学校的创立与早期发展（1965—1982年）

一、历史沿革

创立背景：20 世纪 60 年代，全国人才资源仍处于紧缺状态，为推动湖南省物资系统发展，湖南省物资管理局[①]多次向上级部门申报人才需求，但诉求始终未得到解决。为充实物资部门力量，解决物资系统人才紧缺问题，1964 年 6 月湖南省物资管理局向湖南省委提交《要求开办半工半读学校的报告》，希望创办一所学校为湖南省物资系统培养专业人才。1965 年 1 月 28 日，国家物资管理局批复同意有条件的省市可开办半工半读学校，来充实物资部门力量，在这一特殊历史背景下，湖南省物资学校应运而生。

初创阶段：1965 年 8 月，湖南省物资学校成立，1965 年 9 月 10 日正式开学。学校定位为三年制半工半读中等专业学校，当年计划招生 198 人，实际招生 195 人，其中男生 90 人，女生 105 人。学校校址设在常德市物资局落路口仓库以北，因为学校是新办，校舍没有建设完成，暂时借用长沙市张公岭湖南农业机械化学校部分场地办学。

中途停办：受“文化大革命”影响，学校于 1966 年 5 月停课，停课期间除劳动外，学生参加以文化课为主的学习仅 4 个月。1966 年和 1967 年学校未招生。

① 全书提到的湖南省物资管理局和湖南省物资局是同一个单位。1955 年 3 月成立湖南省物资供应局，1958 年 2 月，该局与湖南省物资储备局合并为湖南省物资储备供应局，1961 年 1 月改名为湖南省物资管理局，1962 年 5 月，又分设为湖南省物资局和国家物资储备局，1970 年 6 月，成立湖南省革命委员会物资局，半年后撤销，在湖南省计划委员会内设物资计划处。1972 年 11 月，又恢复为湖南省革命委员会物资局。1980 年 2 月，改为湖南省物资局。2019 年机构改革后并入新组建的湖南省粮食和物资储备局。

1967年年底，湖南省物资局相关部门申请停办湖南省物资学校。1968年4月，经国家物资管理部批复，学校正式停办。1965级学生（共195人）于1968年毕业，这些学生全部被分配至物资系统基层单位参加劳动锻炼。停办期间，学校失去了正常的教学秩序，并面临严重的人员流失和财产损失情况，虽然学校停办，但学校师生对恢复办学仍然充满信心，部分师生利用劳动锻炼的空闲时间开展学习，为恢复办学做准备。

恢复办学：1976年10月“文化大革命”结束，学校恢复办学迎来曙光。学校领导多次向湖南省物资局报告，希望尽快恢复办学。1978年4月，在湖南省物资管理局等上级部门的关怀下，湖南省物资学校正式恢复办学。按照上级文件规定，恢复办学后的湖南省物资学校为湖南省物资局二级机构，校址仍设在常德市，在校生规模为200人，利用常德综合供应仓库原有房屋和设施开展教学。恢复办学后，学校内部机构设两科（教务科、行政科）一室（党委办公室）。1978年学校招生100人，开设了财会专业，分为2个教学班，因常德校区的修缮和建设尚未完成，1978年学校暂时借用湖南省财经学校部分场地办学。

学校的搬迁与建设：在对湖南省物资学校常德校区进行修缮和建设过程中，经过湖南省物资管理局认真测算，发现如果利用常德综合供应库的房屋和设备开展办学，修建和改造资金较多。1979年1月，湖南省物资管理局经过多次研究后向上级报告，请求把湖南省物资学校迁回长沙，调拨32万元资金给长沙县五美区梅花公社，长沙市十四中学学农基地，将其作为湖南省物资学校校址。1979年4月，上级同意湖南省物资学校迁往长沙县五美区梅花公社，利用长沙市十四中学学农基地建校，在校生规模为200人。

1979年9月，湖南省物资学校整体搬迁到长沙县五美区梅花公社，长沙市十四中学学农基地进行办学。经过1年的教育教学实践，学校师生发现长沙市十四中学学农基地缺乏水源，无法满足师生学习生活需要，1980年8月经报告湖南省计划委员会同意，学校改在长沙县望新公社泉塘大队进行建设。建设规模按照在校生500人规划设计，其中在校学生300人，在职干部200人（培训）。总建筑面积17000m^2，总投资350万元。

新校区建设期间，长沙县五美区梅花公社长沙市十四中学学农基地一直作为恢复办学后的湖南省物资学校的临时教学场地，直到1983年8月新校区修建完毕，学校搬迁到长沙县望新公社泉塘大队，至今一直在此办学。湖南省物资学校的校区建设与迁移情况如表1–1所示。

表1–1　湖南省物资学校校区建设与迁移情况

阶段	地点	问题与决策依据
1978年	常德综合供应仓库、湖南省财经学校部分场地	利用原有厂房办学，但因改造费用高，申请迁址；同期地方财政对校舍改造拨款有限
1979年	长沙县五美区梅花公社（长沙市十四中学学农基地）	湖南省革命委员会批准调拨32万元资金；该基地原为中学分校，有农田、厂房等设施，但缺乏水源，无法满足日常生活需求
1980年	选址长沙县望新公社泉塘大队	经湖南省计划委员会批准（湘计基〔80〕309号文），按在校生500人（含培训200人）规划，总投资350万元。1983年8月泉塘校区建成后迁入

二、机构设置与领导班子情况

（一）机构设置

1979—1983年

管理机构：办公室、教务科、学生科、行政科、基建办公室、政工科、膳食科。

教学机构：马列主义教研室、专业课教研室。

（二）领导班子情况

1. 1965—1968年（校址在原省农业机械化学校内）

校长：艾景全（湖南省物资局政治部主任兼任）

副校长：梁耀敏（主持学校全面工作）

2. 1978年9月—1983年7月

校长、书记：黎锋（湖南省物资局副局长兼任）

副校长、副书记：倪南端（主持学校全面工作）

副校长、党委委员：

谭光明

宋光明（1979年7月—1983年7月）

朱江（1981年12月—1983年7月）

王应魁（1982年5月—1983年7月）

胡学勤（1981年12月—1983年7月）

副校长：

朱敬德（1983年1月—1983年7月）

党委委员：

丁炎山（1980年4月—1983年7月）

邓振林（1980年4月—1983年7月）

三、办学情况

办学理念、定位：湖南省物资学校系湖南省政府批准的省属全日制中等专业学校，由湖南省物资厅主管。

专业设置：1978年学校恢复办学，初时开设计划统计、财会、仓储保管三个专业，后续专业设置更加丰富，除上述专业，还新增物资财务会计、物资经营管理、外贸和审计等专业；1982年学校专业扩展为物资经营管理专业、物资会计专业、物资储运专业、统计专业。1978—1982年，学校在专业设置（根据时期有所调整，先后开设过物资财务会计、计划统计、经营管理、储运管理等专业）上经历了成人教育、继续教育向职业教育的拓展，为后续的专业发展奠定了基础。

教学设施：本着先急后缓、突出重点、保证教学的原则，学校有计划地添置教学设施。每年有6000元资金购买物理、化学、体育等课程所需的相关设备和教具。电化教学所需的幻灯机、照相制片设备等截至1982年已基本配置齐全。同时还配置了资料室，理、化实验室，照相制片室，样品陈列室和体育锻炼室。

师资力量：恢复办校之初，全校仅有一名语文教员和一名政治经济学教员，且没有教材。通过四方援助，在湖南省物资系统挑选人才，确定 47 名兼职教员，同时学校还积极培养新生力量，先后派徐小和等 5 名青年教师到华中工学院、湘潭大学等院校进一步学习深造。

教材建设：1980 年，学校共编写财会、计划、统计、物价等方面的教材 65 章。后期除使用国家物资局编写的教材，学校还编写了数学、物资企业会计等教材。学校与浙江省物资学校合编的《物资经济学概论》一书，由中国物资出版社（现中国财富出版社）出版发行，全国各中等物资学校试用，展现了学校较强的教学研究能力。

校园建设规划：学校 1979 年买下原长沙市十四中学学农基地为临时校址。受交通及用水用电影响，1980 年学校报请有关部门批准，在长沙市东郊泉塘征地建校，1981 年下半年破土动工，初期上级批复建筑面积为 17000m^2，随着建设的不断深入，经过多次调整建设规划，截至 1982 年，学校占地面积达 82000m^2。学校还充分考虑教职工生活实际，相关生活配套设施一应俱全。

四、招生与毕业生情况

（一）招生情况

1965 年湖南省物资学校招生 195 人。由于“文化大革命”的影响，1966 年、1967 年没有招生，1968 年学校停办。1978 年学校恢复办学后，1979 年招生 100 人，加上 1978 年已招的 100 人，合计有学生 200 人，教职员工 40 人。1980 年后招生规模逐渐扩大。同时学校面向湖南全省招生，生源质量逐步提高。学校在 1965—1982 年期间的招生与毕业生情况受历史背景影响较大，整体呈现出先停办后恢复、招生规模逐渐扩大、专业设置不断优化的特点。

计划经济时代，学校规模较小，校园环境相对偏僻，但属于物资系统内的“热门中专学校”，录取竞争激烈。部分年份仅限“系统内招生”（如物资系统职工子弟或相关单位推荐），未完全对外开放。在鼎盛时期，财会等热门专业的录取分数线甚至接近重点高中。

（二）毕业生情况

学校在计划经济时代因物资行业的特殊地位而备受重视，作为湖南省物资局直属人才培养基地，毕业生就业前景好，以物资管理、财会等专业为特色，培养了大量物资系统专业人才。1965级学生（共195人）在1968年9月15日前返校，于1968年毕业，全部分配至物资系统基层单位，到基层劳动锻炼。1978年恢复办学后，1979年入学的首届学生于1981年毕业，此后每年都有毕业生。毕业生大部分进入对口的物资系统行业并成为骨干力量，主要就业方向为湖南省内的物资系统、外贸企业等，为湖南省物资系统输送首批专业人才，也为湖南省的物资流通和经济建设做出了贡献。

第二节 稳中求进：湖南省物资学校专业化建设时期（1983—2005年）

一、历史沿革

历史背景：改革开放以后，职业教育开始获得巨大发展。1980 年，根据邓小平同志的指示，国务院批转了教育部和原国家劳动总局《关于中等教育结构改革的报告》，重点是发展职业技术教育，要使高中阶段教育适应社会主义现代化建设的需要。1985 年，《中共中央关于教育体制改革的决定》中，明确提出调整中等教育结构，大力发展职业技术教育，逐步建立起一个从初级到高级、行业配套、结构合理又能与普通教育相互沟通的职业技术教育体系。1996 年，全国人民代表大会常务委员会颁布了《中华人民共和国职业教育法》，对职业教育在国民经济和社会发展以及国民教育体系中的地位与作用，职业教育的体系结构、办学职责、管理体制等都做出了规定，确立了职业教育的法律地位。1999 年，中共中央、国务院作出的《关于深化教育改革全面推进素质教育的决定》中，提出积极发展包括普通教育和职业教育在内的高中阶段教育，大力发展高等职业教育。在此背景下，湖南省物资学校作为行业办学的代表，承担着为湖南省物资系统输送人才的重任。学校充分利用政策优势，加快发展步伐。

发展历程：1983 年学校搬迁到长沙县望新公社泉塘大队后，办学条件逐步得到改善，广大教职员工扎根教育教学领域，深入推动学校改革发展。经过八年的深耕发展，在全校教职工的共同努力下，学校面貌焕然一新，教育教学改革和人才培养水平得到极大提升。1991 年 12 月，湖南省物资厅组织开展对学校进行行业评估，学校各项数据表现突出，在行业评估中被认定为成绩优异。1992 年下学期，国家物资部科教司和湖南省教育委员会（以下简称“省教委”）对学校进行中等专业办学水平评估，学校被评为湖南省和国内贸易部的重点中专学校。1994年，学校面貌发生根本性变化，在获评湖南省花园式单位的基础上，又被评为湖南省园林式单位。1996年《中华人民共和国职业教育法》颁布实施后，学校逐步完善教学管理体系，强化实践教学环节。2000年，学校物流管理专业开始进入职业院校课程体系，学校在巩固传统物资管理优势的同时，主动适应职业教育形势发展，向现代物流教育转型。

二、机构设置与领导班子情况

（一）机构设置

1. 1983—1990年

设置的机构包括：办公室、工会、教务科、学生科、总务科、农场。

2. 1990—1994年

设置的机构包括：办公室、人事科、财务科、教务科、学生科、工会、总务科、膳食科、劳动服务公司。

3. 1994—1999年

设置的机构包括：办公室、人事科、财务科、教务科、学生科、团委、工会、总务科、膳食科、劳动服务公司、保卫科、函授站、图书馆、卫生科。

4. 1999—2001年

设置的机构包括：办公室、人事科、财务科、教务科、学生科、团委、工会、发展规划科、总务科、保卫科、函授站。

5. 2001—2004年

设置的机构包括：办公室、人事科、财务科、教务科、学生科、团委、工会、总务科、保卫科、科技中心、督导室。

6. 2004—2005年

设置的机构包括：办公室、人事处、财务处、教务处、学生处、团委、工会、后勤处、保卫处、图书馆。【注：部分“科”升格为“处”】

（二）领导班子情况

1. 1983年8月—1988年1月

党委书记：

倪南端（1983年8月—1985年1月）

樊湘年（1987年3月—1988年1月）

校长：周勋章

党委副书记：

姚政清（1985年1月—1988年1月）

储子黔（1985年11月—1988年1月）

党委委员、副校长：

姚政清（1983年7月—1985年1月）

朱敬德

廖晓光（1985年1月—1988年1月）

党委委员、纪检书记：朱江（1983年7月—1985年12月）

党委委员：颜超凡（1985年1月—1988年1月）

工会主席：王应魁

2. 1988年1月—1994年7月

党委书记：樊湘年

校长：

周勋章（1988年1月—1989年4月）

朱　芾（1990年2月—1991年11月）

赵平光（1991年11月—1994年3月）

党委副书记：

储子黔（1988年1月—1991年11月）

朱　芾（1990年2月—1991年11月）

党委委员、副校长：

朱　芾（1988年11月—1990年2月）

姚政清

朱敬德

廖晓光（1988年1月—1991年11月）

纪委书记：熊家华

工会主席：王应魁（1988年1月—1991年11月）

3. 1994年7月—2001年3月

党委书记：樊湘年（1994年7月—1995年12月）

校长、党委副书记：李建球

党委副书记：姚政清

党委委员、副校长：

李鹏高（1997年3月—2001年3月）

孟益民（1997年3月—2001年3月）

党委委员、副校长、纪委书记：周务农

4. 2001年4月—2005年8月

党委书记：姚政清

校长、党委副书记：倪文栋

党委委员、副校长、纪委书记：周务农

党委委员、副校长：

袁世伟

孟益民

彭六生（2001年4月—2002年10月）

党委委员、工会主席：文建军

三、办学情况

办学理念：学校秉持以全日制中专教育为主体，同时实施全方位、多层次、多形式、开放性的办学方针。

专业设置：1983—2005年间，湖南省物资学校为适应市场经济转型和产业升

级需求，依托原有物资管理专业基础，陆续新增了汽车营销与修配、电子电工、制冷与空调、证券投资、房地产经营、公关文秘、外贸业务、酒店管理等专业。这些专业的开设体现了从“计划调配”向“市场服务”的转型逻辑。

1983年11月—1990年：物资经营管理专业、物资会计专业、物资储运专业、统计专业、物资外贸专业。

1990—1994年：物资经营管理专业、物资会计专业、物资储运专业、统计专业、审计专业、信息专业。

1994—1999年：物资财务会计专业、物资经营管理专业、外贸业务专业、公关文秘专业、计算机应用专业、房地产经营专业、电子电器专业、汽车营销与维修专业、酒店管理专业、电算会计专业、市场营销专业、办公自动化专业。

1999—2001年：物资财务会计专业、物资经营管理专业、外贸业务专业、公关文秘专业、计算机应用专业、房地产经营专业、电子电器专业、汽车营销与维修专业、酒店管理专业、电算会计专业、市场营销专业、办公自动化专业。

2001—2005年：会计电算化专业、经营管理专业、外贸业务专业、证券投资专业、房地产经营专业、酒店管理专业、汽车营销与修配专业、电子应用专业、制冷与空调设备专业、工业与民用建筑专业、计算机应用专业、办公自动化专业、公关文秘专业13个中职专业；现代物流专业、电算会计专业、外贸英语专业、电子技术应用专业、电子商务专业5个五年制高职专业。通过上述专业的设置探索，湖南省物资学校实现了从单一物资管理向多领域现代服务业人才培养的跨越，为区域经济转型提供了关键人力支撑。

教学设施：1983—1994年，学校根据教学需要，逐年完善配套，基本能满足学生实验、实训需要。随着时代发展新开设的各种专业课，也建立了相关的实训场地。期间学校建设的多媒体电教室，公用电视接收设备及语音室，校园电台和电子阅览室，给教学带来了极大方便，丰富了学生的知识，增加了学生的求知欲。1994年后教学器材添置取得显著进展，建成校园网、校园广播电台，添置计算机数量达250台，汽车、电子等专业设备配套完善，基本满足教学和学生需求。

师资力量：随着招生规模的扩大，学校不断引进高素质教师，截至1999年学校有在编教工220人，其中高级教师32人、中级教师64人。

办学成果：1991年12月，湖南省物资厅对学校进行行业评估，学校成绩优异。1992年下学期，物资部科教司和省教委评估后，学校被评为湖南省和国内贸易部的重点中专学校。1994年后，学校分别获评湖南省花园式单位和园林式单位。1990—1998年学校连续七年获得珠算技术比赛团体奖，1991—1993年学校多次荣获各类广播体操比赛奖项，2002—2003年学校连续两年获得长沙市中专职业学校学生计算机应用技能竞赛团体奖项，2003年学校获“电力”杯省直大中专院校十六大知识竞赛团体总分第三名。

办学规模：为增强办学实力，增加办学效益，扩大社会影响，学校与北京物资学院联合，组建北京物资学院湖南函授站，有函授学员180人。学校经多方努力，经湖南省劳动厅批准，设立了计算机、秘书、营销业务员等上岗考证点，每年组织多批人员进行短期培训和考核发证，增加了学校的收益，也为在校学生就业前获取有关上岗证提供了方便。1999年招生并轨后，学校全日制在校学生达2151人，其中普通中专学生1951人、高职班学生200人、短期培训注册人数683人。

校舍调整：1983年，学校迁至长沙市东郊泉塘现址。

校园建设和规划：1983—1988年，学校多次征地扩建，校园规模逐步扩大，截至2000年，学校占地面积达83286m^2，建筑面积38849.28m^2，共有24栋建筑，其中包含教学楼2栋、综合楼1栋；教工宿舍、学生宿舍各3栋；食堂2栋；体育训练馆1座；礼堂1个。此外，学校还设有校办建筑公司、教学实习工场、图书室、阅览室、资料室、阶梯教室等。教学设备和手段不断完善更新，设有物理、化学等10个实验室，金属材料、机械产品、电工产品3个陈列室，以及电子计算机室、电教室，拥有250台计算机。电化教学设备配备有录像机、摄影机、彩色电视机、幻灯机等。1994年后，学校在基本建设方面投资上千万元，建成六层女生公寓、八层新教学大楼、现代化体育训练馆、澡堂、饮食一条街等。

四、招生与毕业生情况

（一）招生情况

1983—2004年，学校仍以中专层次为主办学，学制主要为两年制中专，延续计划经济时代特色。1983年，学校招生规模逐步扩大，面向湖南全省招生，专业设置以物资储运管理、物资计划统计、物资财务会计等为主。1985年，学校结合学校当时发展情况，向湖南省物资局申请从1986年起继续招收高中毕业生，同年开设一个35人的职工大专班。1985年，学校向湖南省计划委员会（以下简称“省计委”）文卫处提交扩招新生计划报告，共计扩招51人，招新生数突破200人，实际招新212人。1987年，学校向省计委、省教委提出拟招大专班学生80~100人、中专班学生200人，均以高中生为招生对象的申请。20世纪90年代中期，学校招生规模进一步扩大，专业设置更加丰富，新增了外贸和审计等专业。学校继续面向全省招生，生源质量保持较高水平。1990年学校为解决各地市物资部门子弟要求入校问题，向省计委提出增加委培生50人。1990年，学校招生计划数为265人（其中国家任务200人、委托培养65人）；1991年，学校招生计划数为212人（其中国家任务190人、委托培养21人）。随着委培质量的提升，1992年学校又向省教委职教处申请了职业中专生招生指标。至此之后，招生数量每年递增。1994年5月，经向省教委报批，请示省、市物资局同意，学校与湘乡市物资集团总公司签订联合办学协议，在湘乡市设立湖南省物资学校湘乡分校，校址设在湘乡市桑梅东路物资大厦，分校开设经营管理和财务会计专业，年招生计划200人，每个专业各计划招生100人。1998年学校向省教委计划统计处请求开办预科班，申请100个汽车经营与修配、物流管理专业的预科生指标。2000年以后，学校继续扩大招生规模，专业设置进一步优化以适应市场需求。2002年学校共计招生1143人（其中普通中专842人、五年制高职301人）；2003年学校共计招生1374人（其中普通中专1023人、五年制高职351人）；2004年学校共计招生1313人（其中普通中专1019人、五年制高职294人）。学校在这一时期逐步向高职教育转型，为后续升格为湖南现代物流职业技术学院奠定基础。

（二）毕业生情况

1983年毕业生大多分配至湖南省物资厅等单位工作，在物资系统中表现优秀，为湖南省的物资流通和经济建设做出了贡献。自建校至1985年有500多名毕业生分配到物资系统各单位工作。1987年，学校已采用实习制，实习单位主要为各地市州、市物资局、省属各公司、湖南省厅各公司等，要求在实习过程中注重学生思想政治状况、工作表现、业务能力、组织纪律的培养和考核，并配备岗位指导老师。1990年后，毕业生就业方向更加多样化，除了传统的物资系统，部分学生进入外贸企业、审计机构等工作。1991年，学校实行毕业生优先分配制度，在省直各单位、各地市州物资局的配合协助下，将21名优秀毕业生安排到省直单位工作。1992年和1994年均有毕业生优先分配工作。2000年起，毕业生就业方向更加广泛，毕业生就业方向从传统的物资系统逐步扩展到现代物流、供应链管理等新兴行业。2001年，学校作为省部级重点中专与怀化市财税职工中等专业学校开展联合办学，为学生推荐就业工作。

第三节 湖南省石油化工职工大学的建立和发展（1979—2005 年）

一、历史沿革

20 世纪 70 年代，石油化工人才紧缺，为帮助培养企业人才，1975 年湖南橡胶厂成立了“七·二一”工人大学。

1982 年 7 月，湖南省人民政府办公厅批复长沙市人民政府，同意将原湖南橡胶厂“七·二一”工人大学改为长沙市化学工业局职工大学。同年，根据文件精神，学校正式改名为长沙市化学工业局职工大学，学校接受长沙市化工局及省教委双重领导，湖南橡胶厂负责人事、校舍、经费、教学等各项管理事宜。学校设橡胶艺术专业，在市内化工系统招收在职工人，也受省化工局委托在省内化工系统招生。学员毕业时，经全省会考合格后，由学校发给经省教委加盖印鉴后的毕业证书，享受大专学历待遇。

1990 年年底—1991 年 1 月，根据国家教委《关于同意湖南省部分职工高等学校调整联合的批复》精神，由省化工厅牵头，对湖南省石油化工职工大学、长岭炼化职工大学和长沙市化学工业局职工大学三家进行联合，改为湖南省石油化工职工大学，学校分为总校和两个分校，原湖南省石油化工职工大学校区为总校，原长岭炼化职工大学和长沙市化学工业局职工大学校区（即下文湖南省石油化工职工大学长沙分校）为两个分校。湖南省石化厅厅长兼任学校校长，湖南省化学工业学校、长岭炼化职工大学及湖南橡胶厂职工大学负责人分别为专职副校长，具体负责三地分校的校务工作。学校内部未设二级管理机构，但分配了专职人员分管教务、总务和校办企业管理。党、团、工会、学生会的负责人均由教师兼任，全校专职教职员工共 11 人。

因湖南省石油化工职工大学总校和长岭炼化职工大学分校分别升级为高职院校，2003年4月，根据《湖南省人民政府关于建立长沙特殊教育职业学院等10所高等职业学校的批复》，将湖南省石油化工职工大学长沙分校名称调整为湖南省石油化工职工大学，其主管部门和经费投资渠道不变。

2004年，根据《湖南省教育厅关于筹建长沙电力职业技术学院等7所高等职业学校的批复》，以湖南省物资学校和湖南省石油化工职工大学合并为基础，筹建湖南现代物流职业技术学院。

2005年3月，湖南省石油化工职工大学与湖南省物资学校合并为湖南现代物流职业技术学院，正式升格为高职院校。

二、机构设置与领导班子情况

（一）机构设置

2001—2005年

设置的机构包括：办公室、教务处、后勤处、招生办、财务处、计算机中心。

（二）领导班子情况

1. 1975—1991年

湖南橡胶厂“七·二一”工人大学

校长：李仲秋（1975年9月—1982年7月）

长沙市化学工业局职工大学

校长：李仲秋（1982年7月—1991年5月）

2. 1991年5月—2003年4月

湖南省石油化工职工大学

校长：郎艺珠（湖南省石化厅厅长兼任）

湖南省石油化工职工大学长沙分校

党支部书记、校长：雷桂华（1992年10月—2002年10月）

校长：姚建华（2002年11月—2003年4月）

党支部书记：雷桂华（2002年10月—2003年4月）【注：2002年10月辞去校

长职务，专任党支部书记】

副校长：

龚全安（2002年11月—2003年4月）

邹燕南（2002年11月—2003年4月）

3. 2003年4月—2005年3月

湖南省石油化工职工大学长沙分校调整为湖南省石油化工职工大学

校长：姚建华

党支部书记：雷桂华

副校长：

龚全安

邹燕南

三、办学情况

办学理念：学校是经湖南省人民政府批准、国家教育部备案的独立设置的成人高等学校。坚持“严谨治学、注重能力、确保就业”的办学方针。

教学设施：湖南省石油化工职工大学（以下简称“职大”）初建时，根据勤俭办学的原则，因陋就简，利用湖南橡胶厂闲置房屋作为校舍。1982年，经正式批准成立后，由省、市化工局集资9万元将湖南橡胶厂北大门东侧的四间平房改建为二层楼房作为教学基地。1988年4月，湖南橡胶厂子弟学校新建的综合教学楼建成后，即将小学部使用的一栋三层楼房移交给职大使用，建筑面积约1000m^2，从此职大才有了固定的校舍。各种教学设施由1982年价值3000余元增加到1989年的10余万元，加上校办企业的积累，学校及校办企业共有固定资产20万元。学校教学设施先进，生活设施齐全，拥有2个与国际互联网连接的高配置计算机房，计算机数量超百台；配备多媒体教室；设有计算机组成原理实验室、计算机网络实验室、电子实验室、电工与钳工实习工场、图书室、阅览室。

师资力量：学校内部未设二级管理机构，但分配了专职人员分管教务、总务和校办企业管理。党、团、工会、学生会的负责人均由教师兼任，全校专职教职员工共11人，其中具有大学本科学历的8人，大专学历的2人；有副教授1人，讲师3人，工程师2人。此外，学校还从湖南大学、中南大学和长沙理工大学聘请知名教授、专家授课。

办学成果：职大坚持为企业服务，为地方和本系统服务的原则开展人才培养。一是组织开展职工培训。1982年学校开设青年职工“双补”（补文化，补技术）短期初中单科班，学员人数达到了1000多人。1986年“双补”任务完成，为青壮年职工颁发“双补合格证书”，合格率达98%，学校连年被评为省、市文化系统的先进单位。1988年3月举办高考补习班，中级技工培训及各种适应性的培训。“七五”期间，共有606人参加高考补习班，其中有75人获得了高中毕业证，27人考上了大学；566人参加中级技工培训，216人取得合格证书；133人参加高级技工培训，79人取得合格证书，44人获得了技师资格。“八五”期间，学校开展岗位培训人数6974人，学校多次被评为湖南省石化厅、省教委的先进单位。“九五”期间举办培训班90多个，培训人数3371人。二是开展学历教育。学校从1980年开始招收学历教育的学生，到申办高职院校成功为止，学校中专层次毕业生共计507人，大专层次毕业生共计7770人，本科毕业生一共2100人（与哈尔滨理工大学和江苏大学联合办学，开设会计学、人力资源管理、计算机科学与技术、法学、物流管理、土木工程6个专业）。

办学规模与影响：学校是涵盖中专、技校、大专、本科的多层次、多专业，规模较大，教学管理科学严格，有一定社会影响的综合性高等学府。学校是哈尔滨理工大学、江苏大学湖南函授站设置点。学校计算机教学及软件开发成果显著，是湖南省首批开设计算机专业的院校之一，拥有19名计算机专职教师，多数教师长期从事软件开发和网络设计工作。学校为湖南省教育厅、湖南省教育考试院、长沙市教育局等单位开发了一系列软件并承担了相关业务工作。1995年学校承担了湖南全省学籍管理工作，因工作完成出色，1998年学校又承办了全省成人系列大中专英语等级考试和计算机等级考试工作，由于学校工作的细致和严谨，这些工作一直由学校承办，后来长沙市教委还把“小升初”的计算机派位工作也交予学校承办，一直延续至今。

四、教学工作

学校坚持为企业服务，为地方和本系统服务的原则，根据化工行业的需要，培养各类专业人才。先后开设了橡胶制品工艺专业、化工机械（含橡胶机械）专业、工业会计专业，其中橡胶制品工艺专业和化工机械专业，按照化工部教育司组织制定的教学大纲安排课程；工业会计专业则参考大专院校相近专业的课程设置情况制定教学大纲，报请省教委批准后执行。在办好上述三个专业的同时，根据四化建设对各级各类人才的需求，在省教委统一部署下，还先后开办了机械专业、电子专业和化学工程专业电大班，受省经委委托代培的工业企业管理专业班，受广东省煤炭厅和湖南省经委共同委托代培的工业会计班，受市化工局委托的财会专业证书班，护士中专班，专业职业高中班，校外设点开办的美术专业班。此外，每年还为湖南省经委、省教委和省石化厅举办各类成人高考补习班和培训班。

三个主要专业均先后配备了专职教师担任基础课和专业课教学，部分公共基础课则在本市大专院校选聘教学水平较高，教学效果较好的教授或讲师任教。同时学校利用工厂办学的有利条件，选聘工厂主要工程技术人员担任专业课教师或指导毕业设计工作。

五、招生及毕业生情况

（一）招生情况

1979—2005 年，学校招生规模逐年增长。1979 年学校成立初期，以成人高等教育为主，学制灵活，包括全日制和函授两种学习形式，招生人数较少，主要面向石油化工行业职工及子弟招生，提供学历教育和技能培训。随着学校的发展和石油化工行业的需求增加，招生人数逐渐扩大，后期逐步开放社会招生。到 2005 年，学校招生人数已达到较高水平，主要通过高考录取和职工内部选拔相结合的方式进行。高考录取面向社会招生，招收高中毕业生，职工内部选拔则针对石油化工行业的在职职工，通过内部考试和推荐的方式录取。

（二）毕业生情况

1979—2005年，学校每年毕业生人数逐年增加。1979年毕业人数较少，随着招生规模的扩大，毕业生人数也相应增加。到2005年，学校每年毕业生人数已达到较高水平。自办校以来，学校累计培养中专生507人，培养专科生7770人，培养本科生2100人（哈尔滨理工大学、江苏大学函授培养）。学校毕业生主要面向石油化工行业就业，就业率较高。毕业生在石油化工企业、石油炼制企业、化工装备企业、物流管理企业等领域就业，从事生产、技术、管理等工作。

第二章

转型跨越：湖南现代物流职业技术学院初创建设与发展关键期

（2005—2020年）

第一节　升格启程：从中专到高职的跨越（2005—2010年）

一、历史沿革与发展

（一）合并背景与动因

1. 政策驱动的制度性变革

1999年国务院转批《面向21世纪教育振兴行动计划》，文件中提出，到2010年，高等教育规模有较大扩展，入学率接近15%。2002年《国务院关于大力推进职业教育改革与发展的决定》明确“每个地市至少建设1所高职院校”，直接推动中专通过“三改一补”（改革、改组、改制+补充高职资源）方式升格。2005年《国务院关于大力发展职业教育的决定》要求中职与普高招生比例“大体相当”。

2. 产业需求的结构性倒逼

2001年我国加入世界贸易组织（WTO），我国对外开放和经济发展进入了一个新的阶段。部分新兴产业对技术工人的要求有了明显提高，对具备大专层次理论素养的人才需求加大，传统中专培养的人才难以满足岗位需求。同时随着经济的发展，第三产业比重逐年上升，现代服务业对复合型人才的需求激增。

在此背景下，湖南省物资学校作为湖南省内唯一一所以物流为特色的中专学校，顺应时代发展潮流，积极主动寻找办法，将学校升格为高职院校。湖南省物资学校与湖南省石油化工职工大学合并，形成“资源互补、优势叠加”的办学实体。

（二）合并升格高职

2005年3月，湖南省物资学校与湖南省石油化工职工大学正式合并，学校从原来的中专学校升格为高职院校，并命名为“湖南现代物流职业技术学院”。两校合并后，原湖南省物资学校成为主体，原湖南省石油化工职工大学整体并入，形成“一校两区”格局，学校全日制在校生规模突破3000人。

（三）升格后的早期发展

两校合并后，湖南现代物流职业技术学院成为当时全国唯一一所物流高职学院，这既是全国物流界的标志性事件，也是全体师生多年来不懈努力奋斗的结果，全新的学院[①]面临着极其难得的发展机遇，也面临着各种挑战。新一届学院领导班子开拓创新，主动适应高职院校办学新模式，制定了学院“十一五”发展规划，明确了学院的发展目标、发展任务和定位，前瞻性地提出了学院发展的战略对策。学院出台了一系列新的管理制度和办法，引进吸收了其他高职院校先进的办学理念，选拔配备了一批能力较强的干部，加强了教育教学改革和创新，各项工作稳步向前推进。经过几年的努力办学，在学院师生的共同努力下，学院办学结出累累硕果。2008年7月，学院牵头组建了湖南现代物流职业教育集团。2008年9月，湖南省人民政府、中国物流与采购联合会正式确定共建湖南现代物流职业技术学院。2009年，学院被湖南省教育厅立项并建设省级示范性高等职业院校。

二、机构设置与领导班子情况

（一）机构设置

1. 2005年9月—2009年11月

党政管理机构：党政办公室（加挂宣传统战部牌子）、组织人事处、计划财务处、教务处、科研处、学生工作处、招生就业办公室、保卫处、离退休办。

教学教辅机构：物流管理系、物流工程系、信息系、机电系、经贸系、公共课部、成人教育部、图书馆、后勤服务中心。

纪检监察机构：纪检监察处。

---

① 全书中指代词“学校”“学院”没有统一，这两个词的使用基本遵循以下原则：2005年两校合并以前是湖南省物资学校，所以称“学校”；2005年两校合并升格为湖南现代物流职业技术学院，所以2005—2016年称“学院”；2017年进行结构调整，把原来的系部更名为二级学院，所以2017年以后用“学校”指代湖南现代物流职业技术学院。但书中部分段落涉及时间较多，为避免混淆会局部统一两词，特此说明。

群团组织：工会（与离退休办合署办公）、团委。

2. 2009 **年** 11 **月**—2011 **年** 7 **月**

党政管理机构：党政办公室、宣传统战部、组织人事处、计划财务处、教务处、科研处、学生工作处、招生就业办公室、保卫处、离退休办。

教学教辅机构：物流管理系、物流工程系、信息系、机电系、经贸系、公共课部、成人教育部、图书馆、后勤服务中心。

纪检监察机构：纪检监察处。

群团组织：工会（与离退休办合署办公）、团委。

（二）领导班子情况

2005年8月—2017年7月（第一届党委班子）

2005年5月，湖南现代物流职业技术学院建立后，迫切需要有带领学院适应新的办学模式的领导班子，经民主推荐和上级考察，省委最终确定由倪文栋同志担任学院党委书记，由文振华同志担任学院院长。党政一把手到位后，学院主管单位省物资集团又为学院配备了6名院级领导，至此学院新一届领导班子全部配备到位，2005年8月，学院召开第一次党代会，选举产生了第一届党委班子。

班子成员及职务如下。（任期起始于2005年8月，除特别注明）

党委书记：倪文栋（2005年8月—2016年7月）【注：2016年7月退休】

党委副书记、院长：文振华（2005年8月—2015年3月）【注：2015年3月退休】

党委副书记、副院长：姚建华（2005年8月—2017年10月）

党委委员、纪委书记、副院长：周务农（2005年8月—2017年10月）

党委委员、副院长：孟益民（2005年8月—2017年10月）

党委委员、副院长：袁世伟（2005年8月—2017年10月）

党委委员、副院长：肖智清（2008年4月—2017年6月）【注：2008年4月调入】

党委委员、工会主席：文建军（2005年8月—2008年4月）【注：2008年4月退休】

党委书记：龙吟（2016年8月—2017年7月）【注：2016年8月调入】

院长：邓德艾（2016年4月—2017年7月）【注：2016年4月调入】

三、办学情况

办学理念：学院秉持“以人为本，崇技强能，质量立校，特色兴校”的办学理念。

教学设施：学院实习实训条件优越，现代物流实习实训基地获中央财政支持，是湖南省职业院校重点实习实训基地和湖南省物流专业教师专业技能教学水平认证培训基地。学院建成57个专业实训室，包括“供应链一体化”多媒体沙盘室、物流仿真实训室等。此外，围绕“一园一区一中心”（中南物流园、金霞经济技术开发区、全洲药业配送中心）建立83家稳定的校外实训基地，有力保障了技能型物流专业人才的培养质量。

师资力量：学院有在编在岗教职工395人（含临聘人员和外聘教师），其中专职教师272人。专职教师中，教授4人，副教授以上86人，讲师73人，具有博士、硕士学位教师139人。学院有省级教学名师1人，省级专业带头人3人，省青年骨干教师1人。现代物流专业群、物流信息技术专业和物流工程技术专业教学团队被评为“湖南省省级专业教学团队”。

办学成果：作为湖南省人民政府和中国物流与采购联合会共建院校，学院于2009年获批立项并建设省级示范性高等职业学院。同时，学院是中国物流与采购联合会物流职业教育研究中心和培训中心，获评“全国最具特色职业院校”，荣获“物流人才培育杰出院校”称号。学院率先牵头组建湖南现代物流职业教育集团，这是湖南省第一家职教集团。经教育部高职院校人才培养工作水平评估，学院获评“优秀”。

办学规模：学院有物流管理系、物流工程系、物流信息系、物流经贸系、公共管理系5个系，开设物流管理、物流工程技术、物流信息技术、物联网应用技术、物流金融、连锁经营管理等17个专业，形成了特色鲜明的现代物流专业群，物流管理专业是省级教改试点专业，会计专业是省级精品专业建设项目。

校园建设和规划：学院不断加大投入，改善办学基础设施与环境，对教学楼、图书馆、实习实训场、文体活动区、办公楼、学生生活区、教师生活区进行了整合、维修与改造，校园的规划形成了以学生为“原点”，以学生公寓为中心，教学、实训、文体功能区合理分布，和谐有序的建设格局。学院投资逾百万元建成标准化学生食堂，建筑面积达3000m^2，基础设施及配套建设实现了“安全、环保、节能”三个到位，清洗、加工、冷藏设备齐全先进，售饭系统实现了计算机化管理，学生食堂的建设质量、服务质量和管理水平得到了省教育厅和相关政府管理部门的高度评价。

四、党建和思想政治建设

（一）加强党的建设

学院领导班子高度重视加强党的政治建设，始终坚持社会主义办学方向，以马克思列宁主义、毛泽东思想、邓小平理论、“三个代表”重要思想、科学发展观为指导，以立德树人为根本，以理想信念教育为核心，不断强化社会主义核心价值观教育，培养中国特色社会主义合格建设者和可靠接班人。学院党委严格执行党的路线方针政策，有计划、分层次地推进党的十七大精神学习。为切实抓好党的建设工作，学院从 2002 年始，分别依照中央和省委要求，开展了“三讲”（讲学习、讲政治、讲正气）教育活动；2005—2006 年开展了“共产党员先进性教育活动”；2008—2009 年开展了“深入学习实践科学发展观活动”；2010 年开展了党的创先争优活动。通过不断加强党的政治建设，学院党员干部的理想信念进一步坚定，党组织的凝聚力和战斗力进一步加强，为学院成立后的改革发展打下坚实的基础。

（二）干部队伍建设

学院党委始终坚持党管干部、党管人才原则，为学院快速、健康发展提供了坚强的干部组织保障。两校合并后，学校内设机构发生了较大变化，为尽快适应新的办学模式，加快推进学院发展，学院加强了干部队伍建设，选拔了一批德才兼备、能力较强的干部，推动了学院的快速发展。2005 年 10 月，学院召开第一次党代会，选举出新的党委班子后2个月，学院开展了中层干部选拔工作，选拔聘任了28名中层管理干部，为尽快配齐学院行政干部，2005年年底学院就完成了行政岗全新竞聘工作。2006年，为加快人才全面配备，学院进行了科学的定岗定员，采取各科室自主择员，各职工自主择岗，广大教师以竞聘上课的方式开展全院竞聘，顺利完成了全院竞聘工作，打造出一支高效精良的员工队伍，为学院办学提供了坚强的人才保障。为提高人才整体素质，2007年学院引进了17名具有硕士研究生学历的青年教师充实了教师队伍，同年，学院有5人晋升副教授。为适应发展需要，2009年学院通过公开竞聘、民主推荐，选拔了副处级干部19名，正科级干部3名，通过这一系列工作，学院干部队伍、人才队伍、师资队伍建设得到稳步发展，为学院发展提供了强大的人才保障。

（三）宣传统战工作

2005年3月，湖南省物资学校与湖南省石油化工职工大学合并，升格为湖南现代物流职业技术学院，宣传工作由党政办兼管、统战工作由组织人事处兼管。2009年始设宣传统战部，学院宣传统战部通过加强宣传队伍建设、积极探索宣传途径、稳步推进各类宣传教育工作，学校宣传统战工作上新台阶，数字校园建设也实现了新突破。

2005年学院公开征集校歌，正式启用由彭六生作词，邢卫民作曲的《湖南现代物流职业技术学院院歌》。校训为“明德，崇技，笃行，砺志”。明德，光明之德，美德。“明”，一为明白、清楚，二为懂得、了解，三为弘扬、彰显。“德”，指品行、品质、道德。“明德”，即认同、践行和彰显美德。崇技，着重体现学院作为高等职业院校的特点，鼓励师生特别是学生学习技术，钻研技术，运用技术，掌握一技之长，增强本领和能力，适应经济社会发展需要，在产业和企业的技术实践中服务社会，实现自己的人生价值。笃行，是为学的最后阶段，就是既然学有所得，就要努力践履所学，使所学最终有所落实，做到“知行合一”。砺志，即磨砺意志的意思。

学院不断完善和创新宣传方式与平台建设，注重利用新媒体平台进行宣传，如学校官网、微信公众号、微博等，及时发布学校党建和思想政治建设的动态与成果。2009—2010 年，学院每年对外宣传报道由刚起步的 10 多次逐渐上升到 30 多次，校园网报道由 90 多条上升到 260 多条。学院积极开展招生宣传，拍摄招生宣传照片、视频，在湖南交通频道、湖南教育电视台、湖南经视、湖南都市频道等媒体上宣传学院。2009 年学院开始创办《现代物流报》，每年出版院报 4 期，邮寄至省内外相关高校、物流企业，加强沟通和联系，扩大了学院影响。学院坚持以党建为引领，将思想政治教育贯穿教育教学全过程，形成了有特色的思政教育体系，打造出有魅力的思政课堂，提升了学生的获得感和满意度。

学院宣传统战部于 2009 年 11 月独立设置（2017 年 8 月后统战工作由组织人事处兼管，宣传统战部更名为宣传部，2024 年统战工作由组织人事处划归宣传部，宣传部再次更名为宣传统战部）。学院重视统战工作，建立并完善了统战工作制度，加强与民主党派、无党派人士和党外知识分子的联系，鼓励校内民主党派基层组织（如民盟、九三学社等）活动，为党外人士参与学校治理搭建平台。学院坚持“民族团结教育”等统战工作的指导方针，不断加强民族与宗教工作，强化校园和谐稳定的平衡措施，积极倡导统战成员为地方发展建言献策、参与脱贫攻坚。

（四）党风廉政建设

学院重视党风廉政建设，结合上级文件精神，认真组织开展“三个代表”重要思想和科学发展观主题教育活动，提升党员先进性，增强拒腐防变能力。2005 年 7 月起，学院积极响应省委保持共产党员先进性领导小组的安排和号召，正式启动了先进性教育活动。全院上下以学习实践“三个代表”重要思想为内容，以提高素质，促进学院建设发展为目标，充分发挥领导干部的带头作用，积极开展形式多样、内容丰富、载体新颖的主题活动。为着重抓好“五个动作”，具体落实到听一次辅导报告、看一场录像、搞一次中心发言、上一堂生动的党课、受一次警示教育、走一趟体验之旅。通过测评，群众对整个教育活动的满意率达到了 99.2%，真正使先进性教育活动成为民心工程、满意工程。2008—2010 年，学院深入学习实践科学发展观活动，党员干部以科学发展观为指导，解决实际问题，加强基层党组织建设。深化了党员干部对科学发展观重要思想的理解，增强了新形势下做好学院工作的信心和决心，增强了各级党组织的凝聚力、战斗力，发挥了党员的先锋模范作用。

学院纪委、党办、组织人事处等部门联合发力，围绕“把学院建设成社会主义精神文明的坚强阵地”这一主题，大力加强党风廉政建设，思想建设，组织建设，作风建设，不断改进思想工作作风，积极开展以师德建设为突破口的职业道德建设，在全院形成了讲正气，倡节俭，强师德，树形象，优化服务，勇于奉献的良好氛围。

五、教学与科研工作

（一）专业建设：构建特色鲜明的物流专业群

学院自 2004 年启动专业建设，始终以服务现代物流业为核心。初期开设物流管理、会计等专业，并于 2005 年成功将物流管理专业、财务会计专业打造为省级改革试点专业。随后，学院积极拓展专业领域，增设审计实务、连锁经营管理等专业（2005—2006 年）。2007 年，学院以“现代物流专业群”建设为引领，对管理、信息、财经、机电等类专业进行深度整合与优化，融入现代物流理念与技术，成功构建了包含物流管理、物流工程技术、物流信息技术、物流财经等在内的特色鲜明、结构合理的现代物流专业群体系。2009 年，学院积极融入省级示范院校建设，为专业发展提供了更高平台。

通过持续优化与聚焦，学院成功构建了以现代物流为核心、多专业协同发展的特色专业群架构，专业布局日趋合理，特色优势显著增强，为培养高素质物流人才奠定了坚实的专业基础。

（二）教育教学改革与管理：构建产教融合新生态

1. 体系重构与资源升级

两校合并初期，学院面临着诸多挑战，如教学资源的重新调配、师资队伍的融合等，但在全体教职工的共同努力下，学院迅速完成了过渡。学院领导敏锐地把握住物流业发展机遇，伴随物流行业快速发展的趋势，设立了物流管理系、物流工程系等二级系部，进一步明确了专业发展方向，也初步构建起了现代职业教育体系框架。

这一时期的标志性举措是投资了1.2亿元建成省内首个智能化物流实训中心，并以此为核心新建教学实训大楼，迈出了从中专向高职转型的关键一步，为现代物流专业群建设提供了重要支撑。2007年，物流管理系（现物流管理学院）正式成立，该专业于2009年湖南省高职专业评估中名列第一，在校生规模全国领先，智能化实训中心成为省内标杆，物流管理专业实力跃居全省首位，办学层次成功提升。

2. 教育理念转型与模式探索（产教融合）

转型的核心在于实现教育理念的转型。完成机构整合后，学院明确提出“以产促教、以教强产”的教育理念，紧密对接物流行业需求，深度推进产教融合着力破解教学与产业脱节难题。这一理念的提出，打破了传统职业教育中教学与产业脱节的局面，强调教育要紧密对接物流行业需求，培养出真正符合企业需要的高素质技能型人才。同时，学院还与企业共建校外实训基地，为学生提供更多的实践机会。

开创性实践体现：一是2008年牵头成立湖南省首个职教集团——湖南现代物流职业教育集团，汇聚90余家物流企业和10余所院校，首创“政校行企”协同育人模式；二是积极探索产教融合的新模式，2009年与湖南一力股份有限公司共建“物流企业管理实训基地”，率先开展“工学交替”人才培养试点。校企合作项目从2008年的15个激增至2010年的32个，企业参与课程开发比例达40%。

产教融合理念深入人心并取得实质性突破，集团化办学模式开创省内先河，校企协同育人机制高效运行，合作广度与深度显著提升，学院因此获评“湖南省职业教育先进单位”（2009年），物流管理专业教学团队获省级认定。

3. 教学改革纵深推进

学院持续深化教学改革，核心是推动人才培养模式创新和课程体系对接产业需求。关键行动包括：2009年启动国家现代学徒制试点，探索校企联合培养，让学生在真实岗位锤炼技能；同年，聚焦物流管理、物流工程技术等核心专业，系统构建对接产业需求的课程体系。至2010年，改革成效显现，学生实践能力与就业竞争力显著增强。现代学徒制试点和课程体系重构有效打通了人才培养与岗位需求的“最后一公里”，学生综合素质和职业能力获得用人单位高度认可。

4. 师资队伍优化升级

原两校教师队伍重组，初期专任教师以中专教师为主，学历普遍偏低。学院通过“引培并举”策略，引进高层次人才，同时推动教师学历提升与转型，至2010年，专任教师硕士占比达56.83%，博士6人；“双师型”教师占比67.21%；涌现出肖智清、陈建华等省级专业带头人；2008年，“现代物流专业群教学团队”获评省级教学团队（湖南省首批高职团队之一），形成“教授领衔、中青年骨干支撑”的梯队。师资队伍建设实现质的飞跃，学历结构、双师素质、团队水平全面提升，建成了一支结构优化、能力突出、专兼结合的高水平教学团队，为教育教学质量提供了核心保障。

（三）实习实训体系

围绕物流技能型人才培养，学院着力构建校内外结合的实践教学平台。2005—2008年，重点建设了仓储与配送实训室、运输管理实训室等校内基地，配备货架、叉车、电子标签拣选系统等设备，模拟核心物流作业流程。2009年，取得校外实训突破，与湖南星沙物流园签约建立首个校外实训基地，拓展了真实职业环境下的实践空间。初步形成了“校内模拟实训+校外真实岗位实习”的实践教学体系，有效支撑了学生专业核心技能和岗位适应能力的培养。

（四）科研工作

学院科研工作坚持“以人为本、凝心聚力、苦练内功、改革创新、跨越发展”的办学理念，以服务教学、提升声誉、推动教改、促进产学研结合为导向，以校本科研为基点，实现了从基础建设到高水平突破的跨越。2005—2010年，学院科研工作开创了新的局面。

基础奠基（2005—2006年）：整章建制，规范科研管理，与湖南商学院（现在的湖南工商大学）联合举办湖南省首届物流教学研讨会；物流管理、会计专业获评省级试点专业。实现省级纵向课题、省级教学成果奖、科研课题经费资助“三个零的突破”。

创新活跃（2007年）：举办首届“科技节”营造浓厚学术氛围；成立学院学

术委员会（文振华教授任主任），明确了其性质、职责、组成人员等，强化了科研组织与指导。

突破跃升（2008—2010 年）：科研成果数量与质量同步提升。标志性成就：一是 2010 年实现国家级课题零的突破（文振华教授主持国家教育规划课题《高职院校全方位对接产业的特色办学模式研究与实践》）；二是作为核心成员参与省级科技重大专项《超高频电子标签芯片研制与应用示范》（与国防科技大学、湖南国科广电公司、湖南大学共同参与，负责应用示范），标志着应用技术科研水平跻身湖南高职院校前列；三是创设“物院大讲堂”品牌学术活动。

科研工作实现历史性跨越，从制度规范到高水平成果产出，特别是在国家级课题、省级重大专项上的突破，显著提升了学院的学术影响力和社会服务能力，有力支撑了“科研兴校”战略目标的实现，为专业建设、教学改革和产学研融合提供了强大动力。

六、学生管理与资助

（一）机构设置与完善

学院最初的学生管理工作机构相对简单，随着学院的发展和学生规模的扩大，逐步建立起一套较为完善的学生管理系统。最早主要由学生处负责统筹全院的学生事务，包括学生的思想政治教育、日常行为管理、奖惩制度执行等工作。各系也相应设立了学生管理办公室，配备专职辅导员，形成了院系两级联动的学生管理网络。

学院坚持“育人为本，德育为先”的教育理念，深入贯彻落实《中共中央国务院关于进一步加强和改进大学生思想政治教育的意见》和《中共湖南省委湖南省人民政府关于进一步加强和改进大学生思想政治教育的实施意见》精神，结合学校实际，贴近青年学生，贴近校园生活，根据学生的自身特点，切实做好大学生思想政治教育工作，积极探索大学生思想政治教育的有效方法与途径，努力构建和谐校园，收到了较好的效果。

为进一步提升学生管理工作的专业化水平，学院又陆续成立了心理健康教育中心、学生资助管理中心、学生社区管理委员会等多个专门机构，分别负责学生的心理健康辅导、奖助贷工作以及宿舍管理等方面的具体事务，使学生管理工作更加细致入微、有针对性。

至此，学院形成了以学生处为统领，以系部为基础，以专业机构为支撑的“一体两翼、分工协作”的学生管理服务体系，机构设置科学完备，运行协同高效，为各项工作开展奠定了坚实的组织基础。

（二）辅导员队伍建设

辅导员作为学生管理工作的骨干力量，学院高度重视其队伍建设。早期，辅导员主要由各系的教师兼任，他们凭借自身的教学经验和对学生的关心，在学生管理工作中发挥了积极作用。随着学院招生规模的扩大和学生工作的复杂性增加，学院逐步建立了专职辅导员队伍选拔、培养和考核机制。

在辅导员的选拔上，学院严格把关，注重选拔政治素质高、业务能力强、富有爱心和责任心的人员担任辅导员。学院定期组织辅导员参加各类培训，包括教育厅举办的辅导员培训班、校内组织的专题讲座和经验交流活动等，内容涵盖学生思想政治教育、心理健康辅导、突发事件应对等多个方面，不断提升辅导员的专业素养和工作能力。同时，建立了完善的辅导员考核制度。辅导员工作考核坚持德才兼备标准，坚持定性和定量相结合，体现客观公正、民主监督、注重实绩的原则。辅导员工作采取分项评分的办法进行考核，学生评议、任课教师评议、学生处考核和系部考核四个方面相结合，其中学生评议占20分，任课教师评议占10分，学生处考核占30分，系部考核占40分，满分l00分。各系部根据意见分别制定了系部辅导员工作考核办法，通过考核，辅导员队伍建设工作取得明显的成效。

通过严把入口、强化培养、科学考核，学院成功打造了一支政治坚定、业务精湛、作风优良的专职辅导员队伍，其专业素养和履职能力显著提升，成为学生健康成长成才的可靠引路人。

（三）学生教育与管理

学院发展迎来重要里程碑，2006年招生火爆（报考超万人，录取线攀升），录取三年制高职新生1200多名，标志着学院成功实现办学层次转轨——由主要招收初中毕业生转向以高中毕业生为主体，一举成为全日制普通高等学校。在校生规模近5000人，达到了省政府批复的办学要求，为长远发展搭建了更高平台。

思想教育铸魂：学院始终将学生思想政治教育置于首位，通过主题班会、团日活动等，系统开展党的理论、社会主义核心价值观及校规校纪学习，引导学生树立正确“三观”，涵养优良品德。校园文化活动（艺术节、运动会、演讲比赛等）蓬勃开展，营造了积极健康、文明向上的文化氛围。

规范管理固本：学院建立了涵盖日常行为、考勤、宿舍、违纪处理等方面的严格管理制度体系，并强化执行力度。例如，纪检部常态检查学风纪律，宿管会与治安分队加强宿舍安全巡查，有效规范了学生行为，保障了校园秩序。学生干部队伍建设同步加强，定期培训提升其履职能力。

育人实效显著：自2005年以“三风”（校风、学风、班风）整顿为突破口，强化思想教育（靠理论、方法、队伍育人）以来，育人效果日益凸显：校风、学风、班风明显好转，违纪事件减少，勤学上进蔚然成风。学生展现出强烈的社会责任感，如积极为“心灵之声”残疾人艺术团献爱心等，彰显了良好精神风貌。

学院成功实现了办学层次跃升，并通过扎实的思想教育和严格的规范管理，显著提升了学生综合素质。校园秩序井然，学习氛围浓厚，学生展现出良好的道德品质、纪律观念和社会担当，“三风”建设成效卓著，育人环境不断优化。

（四）学生资助工作

学院始终关注家庭经济困难学生，致力于构建“全方位、多元化”的资助体系，帮助学生顺利完成学业。学生资助体系包括国家奖学金、国家励志奖学金、国家助学金、学院奖学金、助学贷款、勤工助学等多种资助项目。

学生资助管理中心负责统筹各项资助工作，严格按照公平、公正、公开的原则，做好资助对象的认定、申请、评审、发放等环节的工作，确保资助资金真正发放到需要帮助的学生手中。2009年，学院报送贷款材料29份，累计贷款金额13余万元。2008年秋季至2009年春季共发放学院文化奖学金23.89万元。2009年春季学院共有4位同学获得国家奖学金，奖金共计3.2万元。共有121位同学获国家励志奖学金，奖金共计60.5万元。有963位学生获国家助学金，奖金共计96.3

万元。设置了30个勤工助学岗位，发放勤工助学金1万余元。国家奖学助学金名额为121人，金额为每人每学年5000元。

资助育人结合：学院积极开展资助政策宣传，提高学生知晓率。更注重育人导向，鼓励受助学生感恩社会、自强不息，通过组织志愿服务、公益活动等，培养其社会责任感和奉献精神，实现“解困—育人—成才—回馈”的良性循环。

学院构建了制度完善、流程规范、覆盖广泛的学生资助体系，有效解除了家庭经济困难学生的后顾之忧。同时，将经济资助与思想教育、能力提升有机结合，不仅保障了学生顺利求学，更促进了其健康成长和全面发展，充分体现了育人温度与制度效能。

（五）心理健康教育工作

学院高度重视学生的心理健康教育工作。心理健康教育中心配备了专业的心理咨询师，建立了心理咨询室、团体辅导室、心理测评室等多个功能室，为学生提供个体心理辅导、团体心理训练、心理健康测评等服务。定期开展心理健康普查工作，对学生的心理健康状况进行全面了解和评估，及时发现和干预存在心理问题的学生，为他们提供针对性的心理咨询和辅导。

为了普及心理健康知识，学院积极组织各类心理健康教育活动，如心理健康讲座、心理健康知识竞赛、心理电影展映等。通过这些活动，让学生了解心理健康的重要性，掌握基本的心理调适方法，增强学生的心理健康意识和自我调适能力。学院创新构建了“学校—系部—班级”三级工作网络。特别注重发挥班级心理委员的“神经末梢”作用，通过定期培训和指导，使其成为心理健康知识的宣传员和朋辈支持的提供者。

工作广受认可：学院心理健康教育工作成效显著。学院大学生心理健康教育中心分别被湖南省高校大学生心理健康教育研究会和湖南省心理卫生协会大学生心理咨询专业委员会评为“2009年度湖南省高校大学生心理健康教育研究优秀集体”和“湖南省普通高等院校心理健康教育先进单位”。

学院建立了专业支撑有力、预防干预及时、教育普及深入的三级心理健康教育工作体系。专业化的服务、常态化的筛查、广泛的宣传教育以及坚实的基层网络，有效提升了学生心理素质，预防和化解了心理危机，为学生的全面发展和校园的和谐稳定提供了坚实的心理保障，工作成果获得省级高度认可。

七、招生与就业情况

（一）招生情况

2005—2010年学校招生规模持续扩大，呈现阶梯式增长。2005年招生770人，次年突破千人达1249人，2007年增至1712人。2008年跨过两千人门槛，招生2108人，2009年继续攀升至2526人。2010年招生2533人，增幅明显趋缓，整体规模较2005年增长了约2.3倍，六年间年均增长量约350人，后期逐步进入稳定发展阶段。

（二）毕业生就业情况

2005年毕业生还主要是2000级大物班和三年制中专班，这个时候的毕业生就业已经开始双向选择，主要集中在省内的企业，有部分毕业生开始向长三角、珠三角地区汇集，受学科专业超前和经济大环境的影响，2007年开始学校有了合并后的大专毕业生，2007年毕业生503人，就业率89.2%，2008—2009年受国际金融危机影响，学生就业情况不理想，就业率接近80%。2008年学校牵头组建了湖南省第一家职教集团，在校企合作新模式的探索中迈出了创新的步伐。

八、群团工作和校园文化活动

（一）共青团工作

学院团委紧扣学院中心工作，坚持党建引领，秉持全员育人理念，系统化推进各项工作。

在思想道德建设中，以爱国主义教育为主线，构建立体育人场景：通过升旗仪式、“民族的脊梁”主题图片展、“红歌响中国”合唱比赛等沉浸式活动，厚植学生家国情怀；结合“12·4法制日”开展预防青少年犯罪图片展、法治签名仪式及主题班会，强化法治观念培育；组织师生参与无偿献血，学院获评“长沙市无偿献血优秀组织单位”。

组织建设层面，着力夯实基层组织根基：规范团员发展程序，完善推优入党机制，定期召开团学代表大会，实现新老班子有序交接；升级团委网络平台，增设“网上团校”“社团风采”等特色板块，同步出台《社团章程》，推动40余个学生社团规范化发展；建立院系两级联动机制，通过常委例会、干部培训等提升协同效能，形成“纵向贯通、横向联动”的组织工作格局。

以活动为载体拓展素质教育空间：举办“学习节”“纪念‘五四运动’九十周年”等主题活动，打造“红歌赛”“个人风采大赛”等文化活动；组织向福利院捐赠课桌椅、“廉政周”系列活动，将思政教育融入实践场景；积极参与多校联谊晚会、技能大赛，增进校际合作，累计展示文艺节目30余个，展现物院学子专业素养与青春风采。

（二）校园文化活动

学院以校园文化艺术节为核心载体，构建层次丰富的文化育人体系。2005年，首届艺术节以“青春飞扬，活力无限”为主题，历时月余，六大主体活动涵盖文艺汇演、主题竞赛等多元形态，吸引近两千名师生参与节目创编与组织工作，形成“领导挂帅、部门协同、全员参与”的办节格局。“心灵之声”残疾人艺术团专场演出引发爱心共鸣，师生自发募捐6400余元，成为校园温情教育的生动实践。第二届艺术节传承经典架构，六大品牌活动持续升温，初步建立“年年有主题、届届有创新”的文化活动范式。

在后续发展中，艺术节与科技活动节形成双轮驱动，通过征集校歌校徽、制作宣传画册等文化标识工程，系统构建学院视觉与精神识别体系。第五届艺术节历时两个月，构建“经典赛事+特色主题+校庆元素”的立体化活动矩阵：在保留“校园歌手大赛”“辩论赛”“个人风采大赛”等传统活动基础上，新增“廉政周”主题活动，将思想道德教育融入艺术创作；首次举办“礼仪之星”职业素养大赛，联动45周年校庆打造“师生情”跨年演唱会、元旦晚会等品牌活动，形成“文化浸润、实践养成、师生共创”的育人生态圈。

活动体系同步向校外拓展延伸，构建“校内舞台 + 社会课堂”的实践平台：承办湖南省物流与采购联合会年会文艺演出，选派师生团队展示物流专业特色节目；组织“一滴水，一份情”西南旱区募捐、“学雷锋·送温暖”社区服务等公益行动，累计筹集善款逾8000元；在湖南省“挑战杯”大学生创业计划大赛中斩获铜奖，实现赛事成绩零突破。学生社团同步迸发活力，羽毛球协会、物流爱好者协会等40余个社团年均举办演讲、征文、技能大赛等活动60余场，形成“一社一品牌”的发展格局。配套建立“奉献爱心·点燃夕阳”社会实践长效机制，与福利院、社区共建12个志愿服务基地，构建“实践育人+道德培育”双循环体系。

第二节 内涵建设：教学改革与品牌塑造（2011—2020年）

一、学院沿革与发展

（一）国内职业教育背景

2014年《国务院关于加快发展现代职业教育的决定》明确提出“加快发展现代职业教育，是党中央、国务院作出的重大战略部署”。2017年，党的十九大提出“完善职业教育和培训体系，深化产教融合、校企合作”，将职业教育纳入国家战略布局。2019年，国务院颁布《国家职业教育改革实施方案》，提出“职业教育与普通教育是两种不同教育类型，具有同等重要地位”，明确了职业教育的类型定位，是职业教育发展的里程碑文件。

（二）学院发展

这一时期，国家大力发展职业教育，逐步提高对职业教育的财政支持力度，全国职业教育迎来发展的大好机遇。学院第一届和第二届党委领导班子审时度势、立足实际、主动求变，积极适应国家推进职业教育高质量发展和经济社会需求的新形势、新任务、新要求，瞄准创建全国一流高职院校目标蓄势发力。十年间，学校党建、思想政治工作、教育教学、人才培养等各方面均实现了全面发展，为学院成功申报“楚怡双高校”打下坚实基础。

专业建设：学院设有物流管理系、物流工程系、物流信息系、物流经贸系和公共管理系5个系部（2017年由系升级为二级学院），开设物流管理、物流工程技术、物流信息技术、物联网技术、电子商务、连锁经营管理等19个专业。其中，物流管理专业是湖南省首批示范性特色专业；物流信息技术专业是湖南省特色专业和中央财政支持的重点建设专业；物流工程技术专业是中央财政支持的重点建设专业；会计专业是省级精品专业。

职教集团发展：2011 年，湖南现代物流职业教育集团成为湖南省首批立项建设的“省级示范性职业教育集团”，2014 年通过省级验收成功获批为省级示范性职业教育集团，2020 年获准立项为全国示范性职业教育集团。2016 年，集团成员单位达 141 家，囊括了湖南省十大商贸物流领军企业和 4A以上规模物流企业。2020 年，湖南现代物流职业教育集团入选教育部首批示范性职业教育集团（联盟）培育单位，这是对学校多年来在集团化办学方面所做工作的高度认可，也为学校未来的发展带来了新的机遇。

科研与社会合作：学院科研实力雄厚，与国防科学技术大学共同承建湖南省“物联网感知技术与应用”工程研究中心，是全省唯一一所跻身工程研究中心建设的高职院校。还与国防科技大学、湖南大学一起承担了湖南省重大科技专项——“超高频电子标签芯片研制与应用示范”。

学院荣誉与排名：湖南现代物流职业技术学院是湖南省人民政府和中国物流与采购联合会共建院校、湖南省示范性高等职业学院、教育部人才培养工作水平评估优秀院校、教育部指定的高职学徒制试点院校、国家物流职业教育人才培养基地，连续 6 年被评为“湖南省就业工作先进单位”，2018 年成功入选湖南省首批文明校园。在“金平果”高职高专院校排行榜中，2018 年全国排名第 616 位，2019年全国排名第569位，2020年全国排名第477位。

人才培养：学院拥有现代物流专业群、物流工程技术专业、物流信息技术专业 3 个省级教学团队，有一批省级专业带头人、省级教学名师等。学生通过校内众多实训基地和 230 多家校外实习实训基地进行强化实训，在全国物流技能大赛等赛事中取得优异成绩，毕业生进入中远物流、中储股份等 200 多家企业稳定就业。2016 年学院入选第二批国家现代学徒制试点单位，这是学院在人才培养模式改革方面的重要突破。2019 年，学校通过教育部现代学徒制第二批试点单位验收，在现代学徒制人才培养模式方面的实践取得了阶段性成果，为其他高职院校提供了可借鉴的经验。2017 年学校在湖南省毕业设计抽查中表现出色，合格率为 100%，排名全省第十，同时被抽中的电子商务专业学生技能抽查合格率也为 100%，体现了学校在教学质量和学生技能培养方面的显著成效。2019 年教育部职业技术教育中心研究所公布首批“1+X”证书制度试点院校名单，湖南现代物流职业技术学院的物流管理专业入选首批试点。学校在物流管理“1+X”证书制度试点方面做了大量前期准备工作，深度参与了“1+X”证书等级标准、认证教材的开发。

信息化建设：2011年，学院提出全面建设数字化校园，其数字化校园解决方案分两期进行：一期实现学生一条线数据整合，二期进行深层数据整合及新上多个应用系统，以实现全院共享数据的整合，提高工作效率。

国际合作：2018年5月，学校成为湖南省教育厅备案的来华留学生招生单位，开启了国际教育交流与合作的新篇章，提升了学校的国际化水平。同年，学校与德国北黑森应用技术大学签订合作办学协议，共同举办物流管理专业高等专科教育项目，与泰国北清迈大学、暹罗大学合作，建立东盟现代物流研究培训中心，并成功申报中非经贸合作职业教育产教联盟常务理事单位，进一步拓展了国际合作领域。

学校召开第二次党代会：湖南现代物流职业技术学院第二次党代会于2017年7月20日召开。大会审议通过了相关报告，选举产生了新一届委员会。会议确立了学校的奋斗目标：一流、特色、开放、文明、幸福。大会为学校未来发展指明了方向，对学校“争卓越、创一流”的高质量高水平发展产生了深远影响。

二、机构设置与领导班子情况

（一）机构设置

1. 2011年7月—2017年8月

党政管理机构：党政办公室、宣传统战部、组织人事处、老干办、计财处、教务处、科研处、督导室、评建办、校企合作推进办、招生就业处、学生处、后勤处、保卫处。

教学教辅机构：物流管理系、物流工程系、信息系、机电系、经贸系、公共课部、成人教育部、图书馆、后勤服务中心。

纪检监察机构：纪检监察处。

群团组织：团委、工会。

2. 2017年8月—2024年8月

党政（群团）管理机构：党政办公室、组织人事处（统战部）、宣传部、离退办、计财处、教务处、质量诊改与督导办、学生工作处（学生工作部、武装部）、科研处、招生办、校企合作与就业处、基建后勤处、保卫处。

纪检监察机构：纪检监察审计处【注：职能整合】。

群团组织：团委、工会。

教辅机构：图文信息中心、实训中心。

教学机构：物流管理学院、物流信息学院、物流工程学院、商学院、国际合作与继续教育学院、人文艺术学院、思政课部（2021年10月更名为马克思主义学院）。

（二）领导班子情况

2017年7月—2025年4月（第二届党委班子）

背景：2016年8月，龙吟同志调入任党委书记；2016年4月，邓德艾同志调入任院长，湖南现代物流职业技术学院第二次党代会后称校长。2017年7月，学校召开第二次党员代表大会，选举产生第二届党委班子。

班子成员及职务如下。（任期起始于2017年7月党代会选举后）

党委书记：龙吟

党委副书记、校长：邓德艾（2017年7月—2023年12月）

党委副书记：周务农（2017年7月—2023年11月）

党委委员、纪委书记：胡昌建（2017年7月—2024年1月）

党委委员、副校长：彭六生（2017年7月—2023年7月）

党委委员、副校长：严若红（2017年7月—2023年11月）

党委委员、副校长：陈建华（2017年7月—2024年6月）

党委委员、党委宣传部部长：夏红球（2017年7月—2024年7月）

党委委员、组织人事处处长：肖勇（2017年7月—2024年7月）

副校长：邓剑波（2023年9月—2024年7月）

党委副书记：邓剑波（2024年7月—2025年4月）

党委委员、副校长：罗勇【注：2024年4月调入任副校长，2024年7月任党委委员、副校长】

党委委员、纪委书记：刘贵书（2024年7月—2025年4月）

党委委员、副校长：邢伟（2024年7月—2025年4月）

党委委员、宣传统战部部长：柳琼（2024年7月—2025年4月）

党委委员、组织人事部部长：梁飞（2024年7月—2025年4月）

三、办学情况

办学理念：学校持续秉持“以人为本，崇技强能，质量立校，特色兴校”的办学理念。

教学设施：学校累计投入资金2000多万元，建成面积为6800m^{2}的物流综合实训楼，改建6400m^{2}的科技实训楼。建成湖南省物流公共信息平台、物流机械工程设备操作培训中心、图书配送中心等校内生产性实训基地5个，学校还根据专业教学改革需要，对实训室和多媒体教室进行功能再造，建设成项目教学工作室48间。装备有语音室3个，多媒体教室50间，建有一栋建筑面积为7800m^{2}的全开放的新型图书馆，图书馆配有先进的图书馆管理系统软件及设备先进的电子阅览室。建有设施先进的教学型体育馆和300m塑胶跑道田径运动场及7个标准篮球场、4个排球场等共17处体育场馆设施。

师资力量：截至2019年，学校有专任教师182人，“双师型”教师占比66.48%，硕士研究生以上学历教师102人，高级职称教师64人，兼职教师占比16.47%。2019年，学校累计建设22个名师工作室，潘果教授入选湖南省2019年度芙蓉教学名师。累计引进、培养16名高层次领军人才。建设6个校级以上教学创新团队，团队中有18名企业技术专家。物流管理专业教学团队入选首批国家级职业教育教师教学创新团队立项建设项目，有效激发教师成长热情，提升人才强校成效。学校教师在2019年技能竞赛中获奖35项，其中国家级15项、省级20

项，在湖南省职业院校教师职业能力比赛课堂教学赛项中斩获4个一等奖。

资源建设成果丰硕，建立244门校级在线开放课程，累计立项7门省级精品在线开放课程、2门国家级精品课程，入选1个国家职业教育专业教学资源库，获评国家网络学习空间应用普及活动优秀学校。

办学规模和成果：2020年，学校全日制在校学生8563人，成人教育学生2444人。学生在省级以上技能竞赛中获奖61项，其中智慧物流作业方案设计与实施荣获国赛一等奖。重点项目成绩突出，7个创新行动项目获教育部认定，国家职业教育物流信息技术专业教学资源库成功立项，物流管理专业国家职业教育教师教学创新团队获批立项，国家现代学徒制试点项目顺利验收。“1+X”试点取得突破，承办全国物流管理“1+X”证书试点说明会，建立湖南省物流管理证书教学研究中心，获批物流管理专业全国师资培训基地。

校园建设和规划：学校先后完成了学生宿舍建设、电力增容、教学楼提质改造、校园基础设施改造4个项目，总投资7488.7万元，其中，新建学生宿舍建设项目建成学生宿舍楼1栋，新增学生住宿面积15479m^2，总投资4912万元；实现学校电力全面增容，新增电容1650kVA，总投资476.7万元；在教学楼提质改造项目中，教学楼、物流实训楼、科技实训楼、图书馆、体艺馆等建筑的内外设施提质改造面积共计27346m^2，总投资1100万元；校园基础设施改造项目实现了校内部分道路、景观的绿化美化以及供排水管网的改造，总投资1000万元。

四、党建和思想政治建设

（一）坚持党委领导下的校长负责制

学校党委认真贯彻落实党的教育方针，对全校工作进行全面管理，对学校党建工作全面负责，坚持把方向、管大局、做决策、保落实，认真抓好学校改革、发展、稳定等方面的工作，切实履行管党治党、办学治校的主体责任，充分发挥领导核心作用。学院坚持和完善党委领导下的院长负责制，根据中办发〔2014〕55号文件精神，出台了《党委领导下的院长负责制实施细则》《中共湖南现代物流职业技术学院委员会会议议事决策规则》《校长办公会议议事规则》，基本形成了决策科学、执行坚决、监督有力的权力运行机制，切实维护了班子的团结统一，有力推动了学院事业的科学发展。

（二）加强党的建设

学校党委落实思想建党要求，深入学习习近平总书记重要讲话精神，学习党的十八大及十八届历次全会精神，学习党的十九届一中、二中、三中、四中、五中全会精神，扎实开展党的群众路线教育实践活动、“三严三实”“两学一做”“不忘初心、牢记使命”主题教育等党内集中教育。在开展党的群众路线教育实践活动中，学校教育实践活动工作出色，得到省委第九督导组的高度肯定。校党委常态化开展理论教育、党性教育、道德教育，补好精神之“钙”，筑牢思想之“魂”，不断增强政治意识、大局意识、核心意识、看齐意识。

校党委坚持把党建作为最大政绩，持续推进基层组织建设，实施基层党组织负责人述职评议制度，每年组织开展基层党组织党建工作述职。稳步推进学校党支部“五化”建设，出台《湖南现代物流职业技术学院党支部“五化”建设实施方案》，开展自查和交叉复核检查，学校14个基层党组织全部达到“五化”建设标准；组织开展党支部书记、党务工作者培训、高校组织员工工作能力提升培训、党务干部能力提升培训、高校党校骨干教师培训等系列培训活动，党的基层党组织建设得到不断夯实。扎实开展“三会一课”，加强党员教育管理和党费收缴工作，基层组织战斗堡垒作用明显增强。2020年，在全省高校党组织“对标争先”建设计划第二批项目评选中学校两个基层党组织获评“标杆院系”和“样板支部”，两名同志获评“党务工作示范岗”和“青年教工党员示范岗”。深入推进“三三制”党校育人新模式改革，学校党校改革作为典型案例在2018年全国宣传部长联席会上展出，《心在最高处，根在最深处——“三三制”党校培训模式创新》一文作为经验在《高校党校》2019第3期上刊登。

（三）干部队伍建设

这一时期学院处于快速发展阶段，培养选拔一大批德才兼备、忠诚、干净、担当的高素质专业化干部，对推动学校高质量发展发挥了关键作用。学院党委坚持党管干部、党管人才原则，从基层一线提拔重用了一批高素质干部，这些干部在党建、教育教学、学生管理、内部管理等各方面积极发挥主观能动性，为推动学院发展贡献了力量。2014 年学院开展中层干部换届调整，对副处级、正科级和副科级岗位进行了重新聘任，提拔了 9 名副科级干部。2015 年确定中层后备干部培养对象10名，提拔任用4名。2017年党委换届后，学校出台了《湖南现代物流职业技术学院机构改革及人员聘任方案》，公开选拔了 12 名中层正职（副处级），21 名中层副职（正科级），24 名副科级干部。2018 年学校推选 5 名 80 后副处级干部作为省委组织部湖南省优秀年轻干部初步人选，选拔 7 名副处级和 8 名正科级年轻干部作为学校年轻干部选拔培养对象，并上报湖南省商务厅考察。2019 年按组织程序对学校部分空缺岗位进行了干部选拔，选拔了 1 名副科级干部，1 名正科级干部，2 名副处级干部，并对 23 名中层干部进行了轮岗交流。2020 年学校选拔了 3 名副处级干部。

为加强干部培养，提升干部管理水平，学校在经费有限的情况下，积极组织开展干部培训。2018 年，学校组织 57 名中层以上领导干部赴浙江大学开展了为期 5 天的领导干部素质提升研修培训。2019 年，学校组织 52 名包括专业带头人、教研室主任、中青年骨干教师在内的教学管理骨干赴同济大学开展为期 7 天的教学管理人员综合能力提升研修。2020 年，学校组织 57 名骨干教师赴金华职业技术学院（现金华职业技术大学）开展为期 9 天的教学骨干专题研修；同年下半年，学校组织 45 名科研骨干赴番禺职业技术学院（现为广州职业技术大学）开展为期 7 天的科研骨干专题研修。2018—2021 年，学校共计组织 211 人次党员干部、教学骨干、科研骨干人员参与国内培训。

为提升学校党员干部、骨干教师的国际化视野，学习发达国家教育理念，学校还利用亚洲开发银行贷款培训项目积极开展国际培训。2015—2019 年，学校共组织 6 批合计 120 人次分别赴英国、澳大利亚、美国、德国、加拿大等国家进行学习进修培训。通过赴国外培训，进一步提高了全校干部职工的素质和能力，开阔了视野，推动了学校高质量发展。

（四）宣传统战工作

学校宣传统战工作围绕统一战线、思想宣传、文化传播等方面树旗帜、育新人，强化内涵建设，取得了系列成效。2011 年宣传统战部和党政办、评建办一起开展文明高校创建相关工作，强化内涵建设。2012 年学校被评为湖南省文明高校。学校官网第一次改版升级为 2016 年，第二次改版升级为 2019 年，提升了新闻报道、信息发布、舆情监测等信息传播的准确性和及时性，工作机制与流程进一步规范。为加大学校宣传力度，学校宣传统战部带领新媒体、大学生记者站、摄影协会积极开展工作，现在每年拍摄宣传开学典礼、“不忘初心　匠心育人”迎新生庆国庆暨教师表彰文艺晚会、省职业院校技能竞赛等活动，大力开展学校宣传，发送微信推文 291 篇、总浏览量 356925 次，微博 1371 篇、总浏览量 8367137 次，抖音 248 篇、总浏览量 5066700 次，微信视频号发布 114 篇、总浏览量 286290 次以上，推送了 100 多篇新闻稿件在华声在线、湘微职教、湖南教育新闻网等主流媒体发表，自觉承担起“举旗帜、聚民心、育新人、兴文化、展形象”的使命任务，不断强化学校凝聚力、提升社会声誉。

学校升格为高职院校后的第一枚校徽由向明月老师设计。2018 年 9 月 8 日，学校正式启用新征集的校徽（图2-1）。

图2-1　新校徽

新校徽主体造型取物流的“物”字，线条变形交叉巧含湖南首字母“h”“n”，三条曲线形似流水状的篆书“水”字，蕴含物流有序流畅的特征。“物”字四条线象征现代物流网络，寓意“物流、商流、信息流、资金流”四流。采用中国印章形式，代表学校立德树人的神圣使命。

这一时期学校有党外教职工一百余人，有民革、民盟、民建、民进、致公党、九三学社等民主党派成员，有白族、侗族、回族、苗族、土家族、维吾尔族、瑶族等少数民族师生，无外籍教师，有留学归国教职工 19 人。学校党委高度重视统战工作，校领导和二级学院及部门领导经常了解和关心民主党派和党外人士，遇到问题及时解决，与他们密切联系，交友交心。学校建立了相关制度，确保在重大事项决策前，召开民主党派和党外人士座谈会，及时向他们通报学校工作及专业发展等情况，认真听取他们的意见和建议。学校加强对党外学术骨干的培养，在历年的校内培训、赴先进发达地区培训、出国培训中，党外人员都占有一定比例。校党委充分发挥高学历、高职称的党外教师的作用，对他们的工作给予支持和肯定，积极推荐他们代表学校参加国家、省、市各项比赛，均获得较好的成绩。

学校强化思想政治教育工作，课程思政实施比例达 100%，打造了 25 个思政教育品牌活动，思政课教师在省级以上教学比赛中获奖，并在论文发表、教材出版、课题立项等方面取得成果。学生思想政治素质显著提升，学生递交入党申请书人数及占比有所增加，党校培训参与人数及占比也有所提升。思想政治教育工作研究成果丰硕，学校党委组建了“大学生思想政治教育工作委员会”，形成了矩阵式管理模式，积极开展思想政治教育研究，发表论文 40 多篇，多项成果获课题立项和奖励。

学校关心关爱少数民族师生，积极稳妥做好民族宗教工作。学校教职工少数民族人数不多，但校党委对少数民族教职工凸显关心关爱，在干部晋升、教育培训、职称晋级等方面进行名额倾斜，经过多年培养，学校 21 名少数民族教职工中，有副处级干部 2 人，正科级干部 4 人，副科级干部 2 人；有正高职称的 2 人，副高职称的 5 人，中级职称的 6 人。学校十分关注少数民族地区学生的工作生活。开展民族团结主题班会、普通话演讲比赛、教师一对一帮扶等活动，加强对少数民族学生的学业辅导和能力提升，关心关爱他们的学习生活，让少数民族学子感受到了学校的关怀和温暖。

（五）党风廉政建设

学校党委重视党风廉政工作，通过层层签订《党风廉政建设承诺书》《党风廉政建设主体责任书》《党风廉政建设监督责任书》，着重抓好“第一责任”“一岗双责”“责任清单”的贯彻落实。认真组织开展党的群众路线教育实践活动，“三严三实”专题教育，“两学一做”学习教育，“不忘初心、牢记使命”主题教育等，不断强化思想建设、组织建设、作风建设和纪律建设，开展批评和自我批评，不断查找思想、组织、纪律、作风及工作方面存在的问题并强化问题整改，推动了党风廉政建设向好、向善发展。

坚持全面从严治党，开展经常性的党风党纪和廉政教育，例如，开展警示教育，组织党员干部到长沙监狱等警示教育基地参观。学校纪委运用“四种形态”，强化执纪问责，以“零容忍”的态度对违纪违规现象严厉查处，努力形成风清气正的优良作风和政治生态。

学校坚持用制度规范行为，出台了《湖南现代物流职业技术学院落实党风廉政建设责任制实施办法》《湖南现代物流职业技术学院党风廉政建设责任制考核办法》《湖南现代物流职业技术学院关于落实党风廉政建设党委主体责任和纪委监督责任的实施办法》等一系列规章制度，推动形成党风廉政建设长效机制。建立了学校中层干部廉政档案。成立了以党委书记为组长、纪委书记为副组长的巡察工作领导小组，制定出台了《校内巡察工作暂行办法》，组建了巡察办，与纪检监察审计处合署办公。

五、教学与科研工作

（一）专业建设：动态优化与集群发展

这一时期，学校专业建设以服务产业升级和市场需求为导向，着力构建“集群发展、动态调整、特色鲜明”的专业格局。

精准布局，对接前沿。学校紧密跟踪物流与相关产业发展趋势，先后增设物流园区金融管理（2011年，后优化）、物联网应用技术（2011年）、网购物流、采购物流、国际航运业务与管理（2012—2014年）、移动应用开发（2016年）、汽车运用与维修技术、会展策划与管理、大数据技术与应用（2017—2018年）、工业机器人技术（2019年）等新兴专业，同步撤销不适应需求的专业，如物流园区金融管理、文秘，确保专业布局紧跟时代步伐。

集群建设，成效卓著。专业群建设取得里程碑式成果。2015年，现代物流管理专业群成功立项省级示范性特色专业群。2019年，现代物流管理、智慧物流技术、现代物流商务3大专业群全部成功立项省级一流特色专业群（全省仅27所），跻身省内顶尖行列，形成3大专业群协同发展的格局。

实力提升，标杆引领。专业实力持续增强。2011年，物流管理专业获评湖南省首批示范性特色专业。物流工程技术、物流信息技术专业获得中央财政重点支持。2019年，物流管理专业教学团队成功入选首批国家级职业教育教师教学创新团队立项建设单位，标志着师资与专业建设达到国家级水平。同年，物流信息技术专业教学资源库成功获批国家级教学资源库立项。2020年，全校29个专业在省教育厅人才培养方案评估中全部合格。

通过持续优化调整和集群化发展，学校构建了以省级一流特色专业群为核心、对接现代产业体系的专业布局，专业实力显著提升，物流管理专业及团队达到国家级水平，资源库建设跻身全国前列，专业核心竞争力与品牌影响力实现质的飞跃。

（二）教育教学改革：深化“三教”改革，创新产教融合模式

1.“三教”改革纵深推进

学校以突出教师素质、教材改革、教法创新为重点，深入推进“三教改革”，人才培养质量和办学水平持续攀升。

教师：以国家级、省级教学团队建设为引领（如物流管理国家级创新团队、物流工程技术省级优秀团队），驱动教师能力提升。实施“名师工程”，设立名师工作室，成效显著。

教材：教材建设成果丰硕。《现代物流概论》等获评省级优秀教材，《射频识别（RFID）技术与应用》等入选“十三五”职业教育国家规划教材，教材质量

获得高度认可。

教法：持续推进教学模式创新。2018年，物流工程技术专业深化教育部现代学徒制试点，与上海安吉智行共建“安吉物流班”，实施订单培养（入学即签就业协议）。2019年，物流管理专业成为国家“1+X”证书制度试点牵头单位，率先实现课证融通，将职业技能标准深度融入人才培养体系。课程建设同步提升，“网络营销”等7门课程获评省级精品在线开放课程，“RFID技术与应用”等3门课程获评国家级精品在线开放课程。

“三教”改革系统推进，教材与课程建设成果丰硕，现代学徒制与“1+X”证书制度试点成效显著，有效提升了教学质量和人才培养的适应性。

2. 产教融合品牌塑造与示范引领

集团化办学标杆。湖南现代物流职业教育集团发展壮大，整合200余家行业企业资源，形成“政行企校”协同育人生态，获评“湖南省第一批示范性职教集团”，成为省内物流职教标杆平台。

产业学院创新模式。与龙头企业深度合作，共建特色产业学院（如湖南长风物流学院聚焦智慧物流与供应链、广汽顺捷物流学院对接汽车物流），创新“柔性订单”培养模式，实现“招生即招工、毕业即就业”的无缝衔接，企业参与率达100%。

现代学徒制深化。与湖南苏宁云商等共建产业学院（如湖南苏宁物流学院），推行“双导师制”，80%课时在企业完成，学生深度参与真实项目（如苏宁智慧仓配）。学徒制覆盖率达60%，毕业生留企率超85%，相关成果获省级教学成果一等奖。

（三）师资队伍：实施“人才强校”，构建高水平“双师”队伍

学校将师资队伍建设作为学校高质量发展的第一资源和关键要素，在人才引进、名师培育、能力提升等方面积极作为，全力打造一支师德高尚、业务精湛、结构合理、活力奋进的高水平“双师”队伍。

“三百工程”筑基。2011年启动“三百工程”（百名教师企业实践、百名企业专家进课堂、百名教师海外学习），显著提升教师实践能力，扩展教师国际化视

野。建成多个省级教学团队，聘请贺登才、尹国杰等30余名行业领军人物为客座教授。

制度优化与结构升级。推行“高职低聘、低职高聘”动态职称制度，修订完善双师建设、企业实践等管理办法。教师培训、挂职、兼职活动密集（如2015年累计近7000天）。至2015年，专任教师硕士占比63.54%，“双师型”教师占比72.38%。

领军人才与名师工程。实施“人才强校”战略，出台《教学名师培育计划》等。通过“引培并举”，培养二级教授1人、教授级高工3人，柔性引进长江学者、国务院政府特殊津贴专家等高层次人才16人。至2020年，名师工作室增至24个，覆盖全校80%以上专业，成为教师成长“研修平台”和学校“发展智库”。

国际化水平跃升。2016—2019年，学校累计组织教师244人次赴10国交流。通过与德国黑森州应用技术大学合作，引入了物流自动化、国际供应链等前沿课程。

（四）教师学生竞赛：以赛促教结硕果，人才培养显成效

学校坚持“以赛促教、科研兴校”，师生竞赛成绩与社会声誉同步提升。

学生竞赛佳绩频传。学生在各级技能竞赛中表现突出。2012年有146人次获省级以上奖项。2013—2015年获国家级奖项12项，其中一等奖3项。2016年实现信息技术类竞赛突破：全国物流方案设计一等奖、软件大赛一等奖。2018年获全国技能大赛“物联网应用技术”一等奖、“智慧物流作业方案设计与实施”二等奖。2020年，获省级技能竞赛奖项53项，较上年增长26.19%。学生双证获取率连续五年100%，就业率稳定在92%以上，用人单位满意度超过96%。

教师竞赛实现突破。2018年学校在省高校辅导员素质能力大赛中获高职高专组一、二等奖。

教学成果获顶级认可。“‘三名三促三融合’人才培养综合改革”项目成果获全国物流职业教育教学成果一等奖。

（五）实习实训情况

2010—2020年，学校以中央财政支持实训基地、湖南省职业院校重点实习实

训基地和湖南省物流专业教师专业教学技能水平认证培训基地成功建设为基础，在湖南省政府、湖南省物流与采购联合会的支持下，通过“引企入校，校企共建共管共用”方式与中国电信湖南分公司、湖南一力物流股份有限公司、安徽叉车集团有限责任公司等省内外企业合作共建湖南省物流公共信息平台、面向广汽集团的汽车零部件配送中心、湖南湘物联物流咨询公司、物流特种设备（叉车）维护与操作、图书配送中心5个校内生产性实训基地。

在此期间，学校多措并举，完善实训软硬件条件。校企合作开发了现代物流信息仿真实训平台并获省教育厅立项支持，初步建成了基于湖南省物流公共信息平台，融政府法规、产业规划、行业动态、企业资讯、专业学习于一体的现代物流专业教学资源库。2017年学校建设亚洲开发银行贷款职业教育示范项目，校园网络系统集成及智慧供应链信息系统采购设备完成验收，实训条件得到较大改善。

深化产教融合，加快建设实训基地。学校充分发挥省部共建的政策优势和湖南现代物流职业教育集团的企业资源优势，围绕一园、一区、一节点（金霞物流园、国家级长沙经济技术开发区、长株潭国家物流节点城市），遴选、建设了89个校外实训基地，有效改善了专业实训条件，保证了专业建设与学生实习实训需要。

实训机制不断健全，成果导向结硕果。2014年，为了适应学校发展，满足学校实验实训的需求，学校决定将原来属于各系部的实验室、实训室、实训场地、实训设备、实训人员等集中管理，充分发挥各个实验室、实训室的作用。学校以平台为依托，不断参与重大项目建设，成为教育部高等职业学校物流信息技术专业实训教学条件建设标准主要参与编制单位，成功入选教育部《高等职业教育创新发展行动计划（2015—2018）》骨干专业5个，生产性实训基地1个。

10年时间，学校构建了“校内生产性实训基地+校外真实岗位实习基地+虚拟仿真实训平台”三位一体、集中高效管理的实践教学体系。参与了国家级实训标准制定，实训条件与资源建设水平位居全国前列，为高素质技术技能人才培养提供了强有力的实践支撑。

六、学生管理与资助

（一）学生管理情况

1. 持续加强辅导员队伍建设

以赛促能，实战能力显著提升。2017 年组织 3 名辅导员代表学校参加省教育厅高职院校辅导员职业能力竞赛，取得了湖南省第 11 名的好成绩。2018 年湖南省辅导员素质能力大赛中取得高职组第六名并进入决赛，与进入决赛的本科组辅导员同台竞技获得团体优胜奖，两名老师分别获一等奖、二等奖。2020 年学校在全省第八届高校辅导员素质能力大赛中获得高职组团体第五名，两名老师分别获得个人二等奖、个人三等奖，学校获得优秀组织奖。

强化系统培训。通过出台《辅导员队伍建设办法》《辅导员考核办法》，组织参加名校研修（如浙江大学、湖南大学）、国家级网络培训、省级专题培训、校内外经验交流及校内工作论坛、典型案例研讨等多种形式，构建了分层分类、线上线下结合的常态化培养体系。2015 年选派 3 名辅导员到湖南大学学习，4 名辅导员通过心理咨询师二级考试。2016 年组织学管队伍先后到长沙环境保护职业技术学院、湖南工业职业技术学院、长沙航空职业技术学院三所学校调研学习经验。2017 年学校组织全校专职辅导员集中培训，组织全体辅导员参加国家教育行政学院的辅导员职业素质与能力网络培训，组织学管人员 10 人到长沙职业技术学院进行了全面的学习和交流。2018 年学校举办辅导员工作论坛，12 名专兼职辅导员就“如何做一个优秀的辅导员”做会议发言，8 名辅导员就学生管理工作典型案例进行了答疑解惑。2019 年暑假统一组织所有专职辅导员在浙江大学参加为期一周的辅导员素质能力专题培训，组织参加省内专题培训 4 人次，参加心理健康教育专题培训及会议 3 人次；举办了 3 期辅导员工作论坛。

经过持续建设，学校辅导员队伍专业化、职业化水平大幅跃升，培养机制健全完善，实战能力与理论素养同步增强，在省级竞赛中展现出强劲实力，为精细化学生管理提供了坚实人才保障。

2. 持续加强学生干部队伍建设

学校高度重视学生干部在自我管理、自我服务、自我教育中的作用。建立了标准化换届选举机制（定期召开团学代表大会），并创新探索“海选+代表大会”模式选拔核心骨干。实施常态化赋能培养，通过定期举办专题培训讲座（年均多次，覆盖广泛）、组织述职考核、开展“物院之星”等优秀评选活动（综合思想、学业、技能等多维度比拼），有效提升了学生干部的综合素质和履职能力。针对校外住宿点（如三一小区），设立专门学生管理委员会，延伸管理触角。

2015年学院召开第十届团学代表大会，选举产生新一届学生会、团委、宿管会委员会、思政会成员，开展了第四届“物院之星”评选活动，从学生的思想作风、成绩考核、技能测试等12个环节进行比拼，评选出了15名“物院之星”、5个单项之星。2016年学院以专题讲座的形式开展学生干部培训共计6次，培训人数达200人，选举产生新一届院团学干部委员，学院三一小区单独成立“三一学生管理委员会”，共同组织了对学生干部的述职考核。2017年学校组织200名学生干部进行培训，通过6次专题讲座对学生干部的能力和素质提升进行指导；组织海选活动产生团学主要学生干部候选人，再通过召开团学代表大会，产生新一届团学干部委员。2018—2020年，常态化做好学生干部培养和教育工作，组织学生干部专题培训活动，组织优秀干部、优秀集体评选活动，指导学生干部海选活动及干部换届工作。

学校构建了规范有序的学生干部选拔、培养、激励体系，打造了一支政治坚定、能力突出、作风过硬的学生骨干队伍，学生自治能力显著增强，成为学校管理育人体系的有力支撑。

3. 持续抓实学生安全工作

学校将学生安全置于首位，构建了常态化安全教育与动态排查机制。持续开展以防火、防盗、防交通事故、防诈骗、抵制“校园贷”等为重点的专题教育，并与学生、家长签订安全责任书。强化重点领域管理，如严格校外租房审批、加强校外住宿点管理（如三一小区实行领导、部门、院系联动值班）。建立重点人群台账（心理问题、情感困扰、休学状态学生等），定期摸排。

2015 年学生工作部会同保卫处开展以“防火、防盗、防交通事故、防诈骗”的四防为重点的安全周教育活动。2016 年，围绕大力打击“校园贷”，学院与学生、家长三方签订了安全责任书；学校围绕校园贷款案件召开了学管系统专题会议，对学生校园贷、校外租房，学生休学状态、心理问题学生、恋爱学生进行了摸排。2017 年，持续部署、安排学生安全教育工作，例如，新生报到签订安全责任书；召开住三一小区学生安全工作会议，启动分管领导、学生处、相关二级学院联动值班；每周周日到周四晚七点到十点保证有两位老师在三一小区蹲点值班等。在 2019 年校外住宿生规模大、管理难度高的背景下，成功实现突发性群体事件、火灾事故、非意外伤亡、刑事发案“四零”目标。

学校通过体系化的安全教育、严格的制度执行、精准的重点防控和高效的应急响应，织密了校园安全防护网，有效维护了校园安全，稳定了大局，尤其在复杂管理条件下（大规模校外住宿）和突发公共事件中经受住了考验，确保了学生人身财产安全和教育教学秩序平稳。

（二）学生资助工作稳步开展

学校坚持以学生为中心，构建了以国家奖助学金（国家奖学金、国家励志奖学金、国家助学金）、学校文化奖学金、助学贷款、勤工助学、学费减免、困难补助为主体，社会力量（如校友“爱心基金”“圆梦基金”）为补充的全方位、多层次资助体系。资助管理中心规范运作，严格遵循“公平、公正、公开”原则，确保精准资助。

资助金额显著增长，资助投入逐年递增，覆盖面不断扩大。年度发放总金额从 2015 年的近 300 万元攀升至 2020 年的 955.08 万元。惠及学生人数众多，如 2020 年国家助学金惠及 1977 人。资助与育人深度融合，在保障经济帮扶的同时，学校注重资助育人实效。通过精准帮扶解除学生后顾之忧，并积极探索将经济资助与思想引领、能力提升、感恩教育相结合，引导学生自立自强、感恩回馈。

（三）心理健康教育工作持续开展

专业化服务与机制建设持续开展。学校心理健康教育中心配备专职师资，提供个体咨询、团体辅导、心理测评等专业服务。学校构建并严格落实“五个一”心理危机预防干预工作机制，形成了学校领导小组、危机干预领导小组、二级学院工作小组、心理专干、班级心理委员（“阳光天使”）的校—二级学院—班三级联动网络。

品牌活动与宣传教育稳步推进。持续打造“5·25大学生心理健康活动月”“阳光天使”（新生心理健康教育）等品牌活动，有效普及心理健康知识，提升学生心理保健意识。

工作成效广受认可。学校心理健康教育工作成效显著，专业水平不断提升。2018年、2019年连续荣获“湖南省高校心理健康教育先进单位”称号。2019年，学校教师在省级职业能力竞赛中获一等奖，心理健康教育中心及专职教师、学生社团均获省级优秀表彰。

这一时期开展的主要工作：2015年，学院组织开展了以“建心灵净土，创物院蓝天”为主题的“5·25大学生心理健康活动月”系列活动。省级特色成长辅导室获得省教育厅立项。2016年，学院以“五个一”心理危机干预工作为重点，开展了院、系两级学生干部朋辈辅导和心理危机干预培训，调整了学院心理健康教育领导小组，成立了学院心理危机干预领导小组和心理名师工作室，在各系部成立了工作小组和心理专干。2018年，学校持续加强心理健康教育及危机干预工作，获得年度湖南省高校心理健康教育先进单位。2019年，做好日常心理咨询工作，开展“5·25大学生心理健康教育活动月”和新生入学“阳光天使”活动，按照“五个一”危机干预机制对重点对象进行了心理疏导和管控。2020年，学校开展了“5·25”心理健康教育线上系列活动，以“阳光心灵代代传，美好物院人人颂”为主题的“阳光天使”活动，按照“五个一”危机干预机制对重点对象进行了心理疏导和管控。加强心理干预工作，心理专职教师通过QQ心理援助热线和QQ信箱，全体辅导员通过电话、微信、QQ等方式对学生心理不适、躁动和心理障碍进行及时疏导。

七、招生与就业情况

（一）招生工作

2011年招生1864人，2012年招生1863人，受省内生源数量下降影响，学院招生规模连续下滑。通过组建招生骨干团队优化策略，2013年招生人数回升至2390人（较2012年增长28.3%），生源省份拓展至23个，招生专业及方向增至33个。2013年起实施湖南省单独招生政策，招生规模稳步提升，2015年达2480人，2017年增至2746人，2019年创3241人历史峰值，较2011年增长73.9%。期间通过“线下进校园+线上新媒体”双轨宣传，录取分数线逐年攀升，尽管2020年招生回落至2461人，仍较2011年增长32%。

2017年以来，学校招生宣传工作以“扩大学校影响，吸引优质生源”为目标，积极发挥各二级学院的主体作用，充分调动师生、校友的积极性和创造性，通过校园开放日、高考填报志愿咨询服务活动、录制招生宣传视频、制作招生宣传册、在招生专业目录刊登宣传彩页、与高中毕业生“面对面”线下招生宣传等方式进行招生宣传。同时，充分利用互联网的优势，开展线上的招生宣传。通过全方位、多渠道的招生宣传方式，充分展现学校的办学特色，扩大学校声誉和影响力，提高学校竞争力，不断吸引优质生源。学校录取分数线不断提升，新生报到率稳步提高，生源质量总体保持稳定。

（二）就业工作

深入贯彻国家就业工作总体部署，结合构建和谐社会目标，采取有效措施，完善市场导向、政府调控、学校推荐、双向选择的就业机制，确保毕业生及时就业。同时不断完善就业指导体系建设，开发就业指导教材，规范课程设置，确定32课时的培养方案，同时尝试开设创业指导课程。

积极搭建就业服务平台，通过“走出去、请进来”的方式，采取专场与大型双选会相结合为毕业生举办校园招聘会、企业专场宣讲，同时积极承办省级物流类专场招聘会。

深入推进就业创业工作“一把手工程”，坚持以就业和社会需求为导向，不断深化教育教学改革，始终将毕业生就业创业工作作为学校的重要工作并取得了较好效果。2012—2017年学校毕业生就业率保持在90%左右，就业工作在省内同类院校处于领先。学校不断地探索就业创业的新思路、新方法，全面落实国务院“大众创业、万众创新”精神，形成了“全力推进，持续指导，精准就业，稳步创业”的就业工作体制。

（三）深入推进校企合作

2011年湖南现代物流职业教育集团成为省级示范性职教集团，成员扩展至141家校企单位，覆盖物流全产业链。与京东、苏宁、圆通速递等共建智慧物流、供应链管理等产业学院，2018年与圆通速递签约订单班，2020年联合京东成立信息学院。建设产教融合实训基地，2017年建成中央财政支持的智能物流实训中心，2020年“智慧物流产教融合实训基地”入选湖南省“楚怡计划”建设单位，累计建成66个校内实训室及83家校外基地。开设校企合作订单班，覆盖物流管理、快递运营等专业，如2015年与广汽顺捷开设“跟随式实训订单班”，2016年与长沙珊珊便利店合作共建“创业伙伴订单班”，累计培养技术人才超千名。持续推进教育部供需对接育人项目，2018年起与国药控股、中诺思科技等合作开展定向人才培养，共建实训基地。

八、群团工作与校园文化建设

（一）群团工作

2017年校团委从原学生处分离出来，单独设置部门，聚焦青年思想政治引领，多维度发力，紧扣时代脉搏，成效显著。创新思政载体，以重大历史节点为契机构建沉浸式思政教育体系。党的十九大及建党周年期间，举办“社会主义‘有点潮’”主题演讲、“青春心向党，建功新时代”团日活动暨建党周年晚会，通过情景化教育厚植青年家国情怀。结合中国人民抗日战争胜利纪念日、学雷锋纪念日等节点，开展“阅兵式观后感”征文、“践行雷锋精神”环保系列活动及“6·26国际禁毒日”签名仪式，将价值引领融入实践养成。在湖南党史陈列馆、杨开慧烈士纪念馆等红色地标，分层开展“青春心向党，建功新时代”主题团日活动，实现全校4668名团员青年红色教育全覆盖。同步举办五四表彰大会暨文艺汇演，组织参演长沙县“星耀青春”校地联盟晚会，构建校地协同育人格局。“仁慈友善，感恩尚善”主题团日活动覆盖88个团支部，团员实践从校园延伸至社区、福利院，服务环卫工人、残障人士等群体，获红网专题报道。响应团中央号召，指导二级学院开展“青春心向党，建功新时代，成长金钥匙，助力三下乡”暑期社会实践，构建“理论浸润—实践淬炼—价值升华”的立体化育人模式。获得湖南省直年度先进基层团组织、驻长高等院校无偿献血先进单位、湖南省直年度优秀团干部、湖南省年度优秀共青团挂职干部、长沙县禁毒宣传优秀志愿者等集体和个人荣誉。

践行志愿精神，深耕公益实践。构建常态化志愿服务体系，持续开展多元公益活动。固定开展无偿献血知识讲座及采血活动，以制度化举措保障公益献血常态化，学校连续多年获评“湖南省高校无偿献血先进单位”，相关经验在校内外形成示范效应。在慈善帮扶领域，组织“爱心传递”慈善义卖，义卖猕猴桃善款助力麻阳苗族自治县、衡南县贫困小学；发起“我想有个家”安居工程募捐，为患病教师筹得4万余元爱心款；连续8年赴芙蓉区敬老院献爱心。积极推进生态环保实践，开展“绿色回收”“低碳环保”系列活动，举行“文明就餐劝导”“荧光夜跑·免费午餐”等校园公益活动；联合社区开展垃圾分类宣传、共享单车整理等行动，参与全国糖酒会、中非经贸博览会等大型赛会志愿服务，以“校园文化进社区”形式助力社区文化建设。打造特色品牌“关爱小候鸟·430安全课堂”，持续服务社区儿童，构建起“实践育人+社会服务”的立体化公益格局。打造成长“金钥匙”，丰富“第二课堂”。2016年6月，学院启动大学生成长“金钥匙”素质拓展工程。组建了由校领导、团学、教务等多部门构成的领导机构，颁布《学生成长“金钥匙”素质拓展工程实施办法》，将社团文化活动纳入人才培养体系，推行导师指导与学分主导并行机制，搭建专业宣传平台。首年投入超150万元专项经费，后续每年定项支持15万元，建成9个校内外及5个志愿服务社团实践基地，出版系列丛书并开设素质教育课程。学院构建多维立体化社团育人协同机制，打造“学校—企业—社区”三位一体实践教育基地。开展“金钥匙名师/行家进社团、进企业”“校企产教融合与国际交流”等活动，组织

“社团文化进社区”“红星微驿站”等公益志愿行动，获多家省级媒体报道。同时，坚持教育实践结合，将社团活动与脱贫攻坚、“三下乡”等志愿服务深度融合，如 2019 年中非博览会志愿服务等活动，助力学生认识国情、增长才干。该工程成效显著，年均近 2000 名学生入社，开展校内外活动 3500 余次，参与率达 90%。社团及成员获国家级、省级以上荣誉 128 项，如在团省委举行的2017年湖南省高校“百优十佳”评比活动中，物流信息技术协会荣获“百优社团”称号，学校荣获“最佳组织奖”。“金钥匙”活动获省级以上媒体报道 70 余次，成为学生成长成才的重要平台。打造文化品牌，培育多元人才。学校以文化浸润为核心，构建多层次校园活动体系。自 2013 年起，精心打造“社团文化艺术节”“校园文化艺术节”两大品牌活动。前者历时两个月，涵盖八大主体活动；后者融合文艺汇演、演讲比赛、征文大赛等多元形式，如第八届艺术节的“心灵之声”文艺汇演、舞台剧大赛，第十四届引入“传统文化进校园”元旦晚会并首邀校外节目，推动思政教育与艺术实践深度融合。年度特色活动成为重要育人载体。“军歌嘹亮”新生合唱大赛、“五四”主题晚会持续举办，“铸造五四魂，成就中国梦”“青春心向党，建功新时代”等主题晚会深入人心。在竞赛领域，学校积极组织学生参与“挑战杯”系列赛事、湖南省青年才艺大赛等，累计斩获省级以上奖项 30 余项，校团委多次荣获“优秀组织奖”，期间获全国“挑战杯”职业学校创新创效创业大赛特等奖一项。校地协同方面，与泉塘街道办共建“校园文化进社区”文艺汇演，实现文化双向互动。此外，学校还积极组织师生参与各类省级演讲、书画、歌唱比赛，在“我身边的好党员”演讲比赛、“挑战杯”国赛等活动中均取得优异成绩，全面激发师生文化自信与爱校情怀，丰富校园文化生活。

（二）校园文化活动

学校以重大庆典为育人节点，构建仪式教育体系。每年度开学典礼举行 18 岁成人礼仪式，校领导亲致祝福并赠发纪念礼物，发布“大学生活十项倡议”，以温情关怀为新生铺展求学新篇。毕业典礼创设“时光影像”环节，通过精心制作的毕业专题片串联师生日常，校领导临别寄语饱含殷切期许，成为毕业生镌刻终身的青春印记。自 2018 年起，教师节固定举办“不忘初心　匠心育人”表彰盛典，涵盖新教师入职宣誓、“辛勤耕耘奖”颁授、给退休教师献花及文艺汇演等多元环节，持续涵养尊师重教的醇厚校园风尚。

深耕红色文化育人场域，夯实师生价值根基。组织《半条棉被》观影及红色情景剧创演活动，与湖南党史陈列馆共建实践教育基地，累计选派 200 余名学子参与沉浸式党史研学。

着力打造特色文化标识。构建立体文化生态系统，推进“五位一体”文化工程建设，在教学楼廊道设置诗词雅韵、科技前沿、校史沿革等主题展区，同步修缮校史长廊并增置文化景观，实现环境育人功能升级。2018 年启动新校徽设计征集方案，经专业评审，在 172 个作品中，吴正章创作的“物”字篆书Logo中标。该设计巧妙融入齿轮与书页元素，完美诠释职业教育与知识传承的办学理念，配套文创产品随即投入使用，有效提升学校品牌辨识度。

持续扩容文化活动矩阵，打造常态化育人平台。“中华经典诗词诵读大赛”采用实景演绎形式重现经典名篇，“讴歌新中国”摄影展聚焦校园变迁与时代风貌，形成浸润式文化氛围。原创公益广告《汉服 —— 穿在身上的文化》等作品入选省级传播平台，展现传统文化创新表达。“美丽校园我来拍”摄影赛事鼓励学子捕捉校园光影，将获奖作品制成专属明信片，成为流动的文化名片。师生联袂演绎的朗诵作品《大漠敦煌》，荣获省级语言艺术赛事二等奖，彰显校园文化建设的丰硕成果。

九、社会服务

（一）精准扶贫

根据中央、省委关于开展精准扶贫的工作部署，2015 年 4 月—2021 年 5 月，学校选派 2 名干部分两批次参与省商务厅在邵阳市城步苗族自治县开展的驻村帮扶工作，分别在城步苗族自治县坪子寨村和新枧水村进行驻村帮扶，在省商务厅党组的领导下，在省、市、县扶贫部门的指导下，驻村帮扶工作队认真贯彻落实中央和省委省政府有关“精准扶贫”重要指示精神，按照水、电、路、业、房、环境整治“六到农家”抓落实，以“壮大村集体经济收入，建档立卡贫困户脱贫”为目标，强化基层组织建设，持续开展结对帮扶，不断完善基础设施，发展种植养殖产业，开展电商扶贫，光伏扶贫，扶贫工作成效显著，结对帮扶村分别于2017年年底和2020年年底实现整体脱贫。

（二）国际合作办学

2012年学院与德国北黑森应用技术大学合作举办的物流管理专业高等专科教育项目获国家教育部批准并于2012年成功开班运营。项目采用与德国接轨的大学运作模式和全新的教育理念共同管理教学，学生前3年在学校学习（主修专科和德语课程），修完规定学分后获得中国大专毕业证书和德国大学学习证书，并通过德方大学的内部语言测试，具备申请到德方学校专升本学习的资格，后2年学生在北黑森应用技术大学学习（主修本科专业课程），修完规定学分后获得中德两国政府均承认的德国管理学学士学位。截至2020年，此项目共计招生166人，出国人数30人，国内就业人数98人，实现专升本人数17人。通过合作办学，学校学习与吸收了德国双元制教学经验，引进优质课程15门，开展了多层次的专业教师与外籍教师的交流互动，提升了专业建设水平和办学质量。开展国际合作办学10年，经过起步、探索、提升3个阶段的发展，学校人才培养质量得到稳步提升，同时经过合作培养，学校在专业建设、师资团队培养、课程建设与人才培养质量上都得到了极大的发展与提升，政校企深度融合模式发挥作用，国际化师资团队优势凸显，辐射带动了学校各个专业和各个层面的发展。

（三）留学生工作

2018年5月，学校获得来华留学生招生资格。为做好全日制国（境）外留学生的招生与管理工作，学校成立了国际合作与继续教育学院，配有专兼职管理人员14人，其中专职管理人员3人。严格按照《学校招收和培养国际学生管理办法（42号令）》《来华留学生高等教育质量规范（试行）》（教外〔2018〕50号）等文件精神招收来华留学生，对所有申请学生进行严格的资料审查，针对来华留学生的教学管理、日常管理、风险防控等制定了10余项制度，严格规范招生录取流程和入学考试考核标准，优化来华留学生人才培养方案，配备国际学生辅导员，建立专业的教学师资队伍。

2018年下半年学校启动招收国外留学生工作。2019年4月，彭六生副校长带队赴马来西亚进行招生宣传和学生面试选拔，2019年10月7日，学校首批9位马来西亚来华留学生来校报到注册，分布在三个学院、四个专业，其中电子商务专业5人，物流管理专业2人，计算机应用技术专业1人，会展策划与管理专业1人。2020年，学校招收3名马来西亚来华留学生，其中国际经济与贸易专业2人，物流金融管理专业1人。

（四）社会培训

学校依托物流专业优势，自2011年起承担多项国家级、省级职业培训项目，成为湖南省职业教育培训的重要基地。

师资与企业培训：2014—2015学年，学院为湘通物流、一力物流等企业提供经营管理、物流业务培训近1000人次，覆盖物流师、采购师等职业资格认证。2015年，学院承办湖南省职业院校春季技能竞赛，承担高职组物联网技术应用、中职组物联网技术应用与维护等赛项，组织29个参赛队，制定《竞赛规程》和《竞赛指南》，确保赛事高质量完成。

公共信息平台建设：2010年，学院建成省内首个由高职院校主办的物流行业公共信息平台，为物流企业提供软硬件托管、北斗/GPS服务、信息化咨询等支持。平台发展企业会员102家，个人会员21082个，与山东、湖北等多省物流平台实现对接，获宝供物流奖、中国产学研合作促进奖等多项荣誉。

（五）服务国家战略与区域经济发展

学校深度参与政府决策与行业规划，推动物流产业与区域经济协同发展。2015年学院以教学团队为骨干，深度参与物流规划的制定工作、湖南省物流标准的研制工作和物流统计工作，及湖南省物流业与制造业两业联动研究。参与了由省政府组织的全省物流园区、物流企业大型调研活动及《湖南省物流业振兴实施规划》的起草与修改工作；参与了《湖南省物流产业“十二五”发展规划》“湖南省物流业重点项目库”和“湖南省物流统计制度的建立”等工作，参与了《湖南省现代物流发展研究报告》的撰写。

2016年，学院承担郴州市“十三五”物流业发展规划、湖南省“十三五”服务业发展规划等政府、物流园区、物流企业的物流规划的编制工作，为政策制定提供科学依据。2019年，学校参与起草国家职业技能标准《供应链管理师（2020年版）》，并成为物流与供应链人力资源专委会副会长单位。

深入推进产学研合作。2015—2016学年，学院与湖南八万信息科技、湖南瀚海林业等企业开展产学研合作，建立了校企合作联盟；为加强技术研发和成果推广应用，与中国电信联合成立了物流信息技术研发与创新中心、国家工信部国家中小企业公共云服务平台（湖南物流分中心）等。立项横向课题7项（经费136万元）、纵向课题12项（经费30.1万元），发表论文100篇。通过技术研发与咨询服务，助力企业解决智能仓储优化、冷链物流流程设计等难题。

第三章

创新引领：高质量发展新时期

（2021—2025年）

第一节　战略升级：楚怡高水平高职学校建设（2021—2025年）

一、学校沿革与发展

（一）国内职业教育背景

2021 年 4 月，全国职业教育大会胜利召开，对于新时代职业教育立足新发展阶段、贯彻新发展理念、构建新发展格局、推动高质量发展，具有重大而深远的意义，职业教育政策供给力度进一步加大，政策环境进一步向好，推动职业教育从“大有可为”走向“大有作为”。湖南省委、省政府更加重视职业教育，以落实习近平总书记关于职业教育重要指示精神和全国职业教育大会精神为契机，以“双高计划”和“提质培优行动计划”为抓手，以部省共建职教高地为突破口，加大投入，推动职业教育点上突破、线上推进、面上提质。2021 年和 2023 年，湖南省政府两次与教育部联合发文，开展部省共建职业教育改革发展高地、部省协同推进省域现代职业教育体系建设改革试点。

（二）学校沿革与发展

学校管理与归属变更：2023 年 1 月 13 日，湖南省直单位主管高职院校划转省教育厅管理签约仪式召开，湖南现代物流职业技术学院正式整建制由湖南省商务厅划归湖南省教育厅管理。

学校入选湖南省楚怡高水平高职学校建设计划A档建设单位：2022 年学校以深耕职业教育多年来取得的优秀成果申报湖南省楚怡双高校建设计划，一举成功入选湖南省楚怡高水平高职学校建设计划A档（列全省 13 位，全省共 15 所）建设单位名单，3 个专业群立项湖南省楚怡高水平高职专业群。入选湖南省楚怡双高校建设计划是学校发展史上新的里程碑，标志着学校在职业教育领域迈入了新的历史篇章。

这一时期学校的发展成就如下。

党建与思想政治教育：学校宣传信息思政党支部成功立项第三批“全国党建工作样板支部”培育创建单位，电商商贸物流教工党支部立项第四批全国党建工作样板支部及全国高校双带头“强国行”教师支部。学校获评“2024 年湖南省高校辅导员工作研究与实践先进单位”，展现了学校在思想政治教育领域的示范引领作用。

教育教学工作：智能物流技术专业教学团队，成功入选第三批国家级职业教育教师教学创新团队。学校立项国家级精品资源共享课 1 门，国家级精品在线开放课程 3 门。此外，学校还立项有国家首批优秀教材 1 本，“十三五”职业教育国家规划教材 4 本，“十四五”职业教育国家规划教材 5 本，《射频识别（RFID）技术与应用》教材获首届全国教材建设奖二等奖。物流金融管理、物流信息技术、物流工程技术 3 个专业成为国家级专业教学标准牵头制定单位。学校有教育部“1+X”证书试点专业 5 个。

产教融合与校企合作：2021 年，学校入选湖南职教区块链应用联盟成员单位。2025 年，学校由物流工程学院牵头申报的《聚焦物流行业数智化　校企“联姻”共育现场工程师》产教融合校企合作案例，从全国 418 份申报案例中脱颖而出，成功入选“2023—2024 年产教融合校企合作典型案例”，标志着学校在深化产教融合、服务行业转型升级方面再获国家级认可。

就业工作：2020—2025 年学校连续三次（两年一次）获评湖南省普通高校就业创业工作一把手工程优秀单位。学校锁定多个物流产业集聚区，定向对接区域龙头企业用工需求，联合顺丰、京东物流、中联重科等行业龙头企业，全年拓展数千个优质岗位，并增设新兴领域实习就业岗位，助力毕业生抢占行业新赛道。

学校第三次党员代表大会胜利召开：学校第三次党员代表大会于 2025 年 4 月 19 日隆重开幕。选举产生了以龙吟同志为党委书记的学校第三届党委领导班子，明确了对标国家“双高计划”进一步提高内涵建设水平，确立建成更高质量的“特色、一流、开放、文明、幸福”的“物流标杆校”的未来五年奋斗目标，提出了实施党建领航工程、立德树人工程、内涵提升工程、强基赋能工程、幸福校园工程的建设任务。目标明确、具体、务实，彰显新时代使命担当，为学校未来发展指明了方向。

二、机构设置与领导班子情况

（一）机构设置（2024 年 8 月至今）

党政管理机构：党政办公室、组织人事部、宣传统战部、教务处（教师发展中心）、学生工作部（武装部）、校企合作与招生就业处（创新创业学院）、科研处、计财处、审计处、质量整改与督导办、后勤与资产管理处、基建处、保卫部、离退休办公室。

纪检监察机构：纪检监察处。

群团组织：工会、团委。

教辅机构：图文信息中心、实训中心。

教学机构：物流管理学院、物流信息学院、物流商学院、物流工程学院、国际物流学院、马克思主义学院、通识学院、继续教育学院。

（二）领导班子情况

1. 背景

2023 年 9 月，邓剑波同志调入任副校长；2024 年 4 月，罗勇同志调入任副校长；2024 年 7 月，邓剑波同志进一步使用为党委副书记，罗勇同志任党委委员、副校长，刘贵书同志调入任党委委员、纪委书记，邢伟同志提拔为党委委员、副校长，肖勇同志提拔为党委委员、副校长，柳琼同志调任党委委员、宣传统战部部长，梁飞同志进一步使用为党委委员、组织人事部部长。2025 年 4 月，学校召开第三次党员代表大会，选举产生第三届党委班子。

2. 班子成员及职务（2025 年 4 月至今）

党委书记：龙吟

党委副书记：邓剑波

党委委员、副校长：罗勇

党委委员、纪委书记：刘贵书

党委委员、副校长：肖勇

党委委员、副校长：邢伟

党委委员、宣传统战部部长：柳琼

党委委员、组织人事部部长：梁飞

三、办学情况

办学理念：学校坚持“以人为本，崇技强能，质量立校，特色兴校”的办学理念。

教学设施：学校现有教学科研类用房包括教室12806.35m^2、实验实习用房12528.14m^2、图书馆3776.93m^2、室内体育用房1587.25m^2、师生活动用房676.85m^2。

师资力量：学校现有正高职称（教授、研究员等）21人，副高职称（副教授、高级工程师等）97人，博士6人，硕士294人，具有研究生学位的教师占专任教师比例超80%。8年来，新增国家级思政教学团队1个、教学创新团队2个、课程思政教学名师8人、课程思政教学团队1个，“湖湘青年英才”1人，芙蓉学者1人，芙蓉教学名师2人；省级专业教学团队3个、思政教学团队1个、“楚怡”教师教学创新团队2个、“楚怡”名师工作室5个、“楚怡”教学名师4人、“楚怡”工坊1个。新增19名国内访问学者、13名省级青年骨干教师。

办学规模和成果：学校是湖南省人民政府和中国物流与采购联合会共建院校、湖南省楚怡高水平高职学校建设计划A档建设单位、教育部人才培养工作水平评估优秀院校、首批和第三批国家级职业教育教师教学创新团队立项建设单位、第一批国家级示范性职业教育集团（联盟）培育单位、首批国家级课程思政示范课程及课程思政教学名师和团队单位、全国职业院校教材委员会委员单位、全国物流管理“1＋X”证书制度师资培训基地、教育部网络学习空间应用普及活动优秀学校、国家级智能物流专业教学资源库立项建设单位、全国高等职业院校体育工作“一校一品”示范基地、教育部第二批数字校园试点单位、全国职业教育改革创新试验校、“全国党建工作样板支部”培育创建单位、全国物流职业教育教学指导委员会第一副主任单位，并建设有湖南工匠学院智慧物流分院，致力于为物流行业培养更多高素质技术技能人才，为推动地区乃至全国物流产业发展贡献更大力量。

校园建设和规划：学校现有一个校区，校园占地面积约 142900m^2，暂无独立产权的校外实习基地。校舍总建筑面积 104951.04m^2，其中行政管理类用房包括校系行政办公用房 1972.70m^2、院系及教师办公用房 2830.06m^2；生活服务类用房包括学生宿舍 59409.47m^2（占比 56.6%）、食堂 4360.60m^2、单身教师宿舍 3782m^2、后勤及附属用房 1220.69m^2。

“十五五”基建规划编列入库项目共 8 个，分别为：①湖南智慧物流实训中心；②乒羽馆；③学生活动中心；④智慧物流产教融合实训基地；⑤智慧校园（含算力中心、财务及内控平台）建设项目；⑥校园文化景观项目；⑦新建学校大门、围墙及道路；⑧图文信息大楼（开展前期工作）。前 6 个项目为“十五五”基建规划争取专项资金支持的重点建设项目。

四、党建和思想政治建设

（一）党的建设全面加强

校党委切实发挥把方向、管大局、作决策、抓班子、带队伍、保落实的作用，以高质量党建引领学校事业高质量发展。

坚持政治统领，强化政治担当，深入学习习近平总书记重要讲话精神，学习党的十九届六中全会精神，学习党的二十大及二十届二中、三中全会精神，党员干部思想政治建设得到不断加强。

按照中央、省委统一部署认真组织开展系列学习教育活动，2021 年深入开展党史学习教育和“我为群众办实事”实践活动，为学校师生解决 8 项实实在在的急难愁盼事；2023 年学校开展学习贯彻习近平新时代中国特色社会主义思想主题教育，组织开展理论学习、调查研究、四类干部调研、问题查找和整改等工作。加强党的二十大精神学习，利用暑假时间组织学校中层以上干部赴韶山进行学习贯彻党的二十大精神专题培训，党员干部素质和能力得到进一步提升；2024 年学校开展党纪学习教育，出台了学校党纪学习教育工作方案，组织开展《中国共产党纪律处分条例》专题学习和研讨、讲纪律党课、警示教育。通过学习教育，党的政治基础进一步夯实；2025 年学校组织开展深入贯彻中央八项规定精神学习教育；2022 年学校圆满完成省委第三巡视组对学校开展的延伸巡视，涉及学校的相关问题全部完成整改。

持续推进基层党组织建设。开展党支部“五化”建设提质工作，基层党建基础得到进一步夯实，扎实做好发展党员工作，2021 年发展党员 157 人，2022 年发展党员 65 人，2023 年发展党员 96 人，2024 年发展党员 65 人。积极组织党员干部参加党务培训班，组织支部书记参加了全国高校基层党组织书记党史学习教育专题网络培训、省商务厅直属系统基层党支部书记和党务干部能力提升培训班、湖南省高校党校骨干教师培训、党的十九届六中全会精神专题培训班、党的二十大精神专题培训班等。扎实开展“三会一课”，加强党员教育管理和党费收缴工作，基层组织战斗堡垒作用明显增强。

2020 年以来，学校 2 个基层党支部获全国党建工作样板支部，4 个基层党组织获评全省党建“样板支部”和“标杆院系”。党校建设持续加强，党校“三三制”改革持续深化，内涵不断延伸拓展，2021 年学校党校获评湖南省全省高校先进党校荣誉称号（全省本科院校和高职院校共 9 所获评）。

（二）干部队伍建设持续推进

学校党委认真贯彻落实新时代党的组织路线和好干部标准，紧扣上级决策部署和学校发展战略，在“选育管用”全链条上持续发力，推动了学校干部队伍能力素质显著提升，为学校高质量发展提供了坚强保障。

持续提升干部政治素质。健全党的理论学习机制，利用好“第一议题”、理论学习中心组、支部主题党日等学习机制，持续组织开展党的最新理论学习，全面提升干部政治能力，坚定理想信念。认真组织党史学习教育、学习贯彻习近平新时代中国特色社会主义思想主题教育、党纪学习教育、深入贯彻中央八项规定精神学习教育，通过深入学习党史、党的创新理论、党纪党规，不断提高党员干部的政治自觉、思想自觉和行动自觉，提高党员干部担当作为的能力。

强化干部实践磨炼。积极向省商务厅、省教育厅等上级干部推荐优秀干部进行跟班锻炼，并选拔优秀干部赴县、乡镇、乡村振兴联系村开展挂职锻炼和驻村帮扶，2022 年选派 1 名副处级干部到怀化市芷江侗族自治县挂职科技副县长。2023 年选派 1 名教师到湘西土家族苗族自治州凤凰县挂职镇党委副书记。2021 年、2023 年分别选派 3 名干部到怀化市辰溪县大桥村开展乡村振兴驻村帮扶，2025 年选派 3 名干部到湘西土家族苗族自治州永顺县高坪乡雨禾村开展乡村振兴驻村帮扶。通过开展干部实践锻炼，提升了干部能力素质。

开展干部选拔和轮岗交流。2021 年学校选拔了副处级干部 4 名，正科级干部 5 名，副科级干部 3 名，并对学校 18 名副科级以上干部进行了轮岗交流，2022 年按照干部选拔程序公开选拔副处级干部 1 名，正科级干部 1 名，轮岗交流干部 4 名，2023 年选拔了 5 名二级学院党总支专职副书记，轮岗交流干部 2 名，2024 年协助省教育厅做好学校 4 名委厅直属高职院校副职和 1 名党委委员考察工作，协助做好学校党委换届拟提名人选考察工作，按照干部选拔程序公开选拔副处级干部 11 名。2025 年按照干部选拔程序选拔正科级干部 21 名、副科级干部 28 名。

积极推进干部培训。组织干部参加上级干部培训，组织干部参加 2022 年、2023 年普通高校处级干部培训班，参加了副处级以上领导干部“学习贯彻党的二十大精神”专题培训等，党员干部的政治和业务素质得到进一步加强。学校还积极调整干部培训思路，邀请专家到学校开展干部培训。2025 年暑假学校邀请专家来学院开展了为期一周的干部能力提升培训班。

经过多年的努力，学校打造出一支政治过硬、适应新时代要求、能担重任的干部铁军，为学校高质量高水平发展提供了坚实的组织保障。

（三）宣传统战工作成效显著

在新的历史起点上，校党委宣传部坚持以宣传思想工作为抓手，按照习近平总书记明确要求，把统一思想、凝聚力量作为宣传思想工作的中心环节。

以中心组学习为重点持续强化理论武装。2021 年组织了 10 期党委中心组（扩大）学习，2022 年组织了 12 期党委中心组（扩大）学习，2023 年共举办 6 期主题教育读书班活动，举行了11期党委理论学习中心组（扩大）学习与交流，2024年举行了12个专题的学习，通过组织集中学习，为学校高质量发展提供强大的思想武器。校党委宣传部还积极组织学习活动，夯实思想根基，多次组织学校党委委员、全体干部、各（直属支部）、支部委员等赴湖南省党史馆举行党史开展学习活动，参观湖南省党史馆、听党史故事。校党委宣传部还通过组织开展文化活动，打造文化品牌来不断提升学校形象，持续开展了第四届“不忘初心　匠心育人”系列活动，开展了“青春为祖国献礼，庆祝中国共产党成立100周年”摄影大赛，铸牢中华民族共同体意识演讲比赛等活动，打造学校文化育人品牌，全面提升师生素质和学校形象。

全方位立体式开展学校正面宣传报道。学校坚持“三审制”，对新闻稿件进行反复指导、把关，审阅和发布，充分利用校园网、抖音、微博、微信公众号等各类媒体开展宣传报道。每年在校园网、抖音、微博、微信公众号等媒体上发布多篇学校正面新闻，2021—2023年学校年均在红网、华声在线、潇湘晨报、三湘都市报、湖南教育新闻网等主流媒体发表推介学校的新闻100余篇。2024年，学校国家级、省市级媒体报道呈直线上升状态，全年省级以上媒体报道共计272篇。2025年，宣传统战部发布“物院大先生、物院青春事、物院产教路、物院乡村情、物院六十载”五大主题征稿通知，向全校师生和广大校友征集优秀案例，进行打磨修改，向省级以上媒体投稿，截至2025年7月28日，省级以上媒体报道399篇，扩大了学校影响力，提升了学校美誉度。

学校把“扫黄打非”作为落实意识形态工作责任制的重要抓手，设立了各二级学院“扫黄打非”工作室，将“扫黄打非”工作融入“十大”育人体系，指导各二级学院开展“扫黄打非”活动。在县市级示范点的基础上不断推进工作，2022年8月学校成功立项“扫黄打非”省级示范点，荣获2022年湖南省“扫黄打非”优秀集体。

学校高度重视思想政治工作，推动思政课改革创新，把课程思政和“四史”、党的二十大精神学习、“1+X”证书制度试点、教学创新团队建设、一流特色专业群建设等紧密结合，同步推进，成果丰硕。学校思政“金课”建设项目超额完成建设任务，顺利通过验收，“快递实务”课程教学团队分别获批为省级课程思政教学名师和教学团队。立项湖南省高校思政工作精品项目多个，多名思政课教师获湖南省职业院校技能大赛教学能力比赛奖项。

学校持续构建大统战工作格局。将统战工作纳入党委年度工作要点，出台了一系列统战工作制度，每年召开一次统战工作座谈会，认真听取和征求统一战线各界代表人士的意见和建议，鼓励无党派人士和党外知识分子配合、协助、监督学校党委做好各项工作，为学校高质量发展注入了新的动力和活力。支持民主党派基层组织建设，2023 年湖南现代物流职业技术学院九三学社支社在学校成立，推动了民主党派开展工作。

（四）党风廉政建设不断加强

校党委坚持以习近平新时代中国特色社会主义思想为指导，全面落实习近平总书记在党的二十大、第二十届中央纪律检查委员会第一、第二、第三、第四次全体会议上的重要讲话精神，全面贯彻省纪委监委驻省教育厅纪检监察组工作要求，在落实立德树人根本任务、推进学校治理体系和治理能力现代化建设中充分发挥监督保障执行、促进完善发展作用，全力营造风清气正的良好政治生态和教书育人环境。2024 年 11 月，根据省委编办关于校内设机构设置的批复文件精神，学校将原来的纪检监察审计处中审计业务分离出来，原纪检监察审计处更名为纪检监察处，专门负责学校纪检监察工作，进一步推动了党风廉政建设工作。一是把政治建设放在首位，持续推进全面从严治党。结合党史学习教育、学习贯彻习近平新时代中国特色社会主义思想主题教育、党纪学习教育等，学校始终把严明党的政治纪律和政治规矩摆在突出位置，聚焦政治忠诚、政治责任、政治立场、党内政治生活等，通过学习党史、学习习近平新时代中国特色社会主义思想，学习党纪，深切感悟马克思主义的真理力量和实践伟力，坚持不懈地用习近平新时代中国特色社会主义思想武装头脑、指导实践、推动工作。二是强化监督执纪问责，持续推动作风建设向善向好。学校党委定期听取党风廉政建设工作汇报，研究党风廉政建设工作，带头强调党风廉政建设，落实好“一岗双责”；持续推动清廉校园建设，做实专项监督，深入推进“以学谋私”、教育乱收费等专项整治工作，落实省属高校“一校一策”，着力解决一些制约学校事业高质量发展的突出问题；久久为功纠“四风”，对办公用房、“三公”经费等加强监督，对婚丧嫁娶事宜开展自查自纠，学校作风建设持续向好向善。

五、教学与科研工作

（一）专业建设：持续优化升级

这一阶段学校专业建设聚焦内涵提升与动态调整，专业结构持续优化，人才培养方案引领示范。国家级教学资源库、国家在线精品课程、全国优秀教材等标志性成果丰硕，专业建设质量与资源水平稳居国省前列，制度体系日趋完善。

精准布局，引领发展。紧密对接物流智慧化趋势，开设智慧物流管理与运营方向（2022 年）。依据行业发展需求，持续优化专业结构，2021 年新增专业合格性评价全部达标，2024 年完成 33 个专业人才培养方案优化编制，确保人才培养的前瞻性与适应性。

质量标杆，示范引领。2021 年，现代物流管理、物联网应用技术专业人才培养方案获评省级优秀等级，为全校专业建设树立标杆。工业机器人技术等 5 个新设专业在合格性评价中全部达标，展现新兴专业建设实力。

资源建设，国省领先。智能物流技术国家级专业教学资源库成功通过验收，成为国家级标志性教学资源。4 门课程成功立项国家在线精品课程（立项数居全省高职院校第五位），累计立项及认定省级精品在线开放课程 16 门，累计立项“十四五”职业教育国家规划教材 5 本，省级优秀教材 4 本，《射频识别（RFID）技术与应用（第三版）》荣获首届全国优秀教材二等奖。

制度保障，规范发展。2024 年修订出台教学质量监控、教师绩效考核、学生综合素质评价等多项制度，为专业高质量发展提供坚实制度保障。

（二）教育教学改革与创新

1. 教育理念创新与数字化转型

积极拥抱新技术。2021 年，学校入选湖南职教区块链应用联盟成员单位，借助区块链技术，在教学管理、学分认定、实习实训等方面进行了有益探索。例如，利用区块链技术实现学生学习过程的全程记录和可追溯，提高了教学管理的透明度和可信度。在产教融合方面，学校创新实践也取得丰硕成果。2025年，学校产教融合案例获国家级认可，入选2023—2024年产教融合校企合作典型案例。这一案例展示了学校在产教融合模式创新、校企协同育人等方面的成功经验，为其他职业院校提供了借鉴。同时，学校还继续深化教育数字化转型，推动教育教学与信息技术的深度融合。这一阶段教育理念与时俱进，区块链应用探索走在前列，产教融合模式获国家级认可，数字化转型为教学改革注入新动能。

2.“三教改革”提质增效与国际化拓展

学校持续推进“三教改革”，在提质增效方面取得了显著成效。

学校建设了一批省级职业教育精品课程和专业教学资源库，这些课程和资源库具有较高的质量和实用性，为提高教学质量提供了有力支撑。其中，《物流市场营销》等5本教材被评为“十四五”职业教育国家规划教材，《数字素养与职业发展》等4本教材被评为省级优质教材。“物流信息系统开发”等5门课程被评为省级精品在线开放课程，“仓储配送实务”课程被评为国家级精品在线开放课程。

在教师培养方面，学校实施“三三制”教师教学能力赋能策略，即通过校内培训、企业实践、国内外研修三种途径，从教学能力、实践能力、科研能力三个维度，对教师进行全方位培养，精准打造教师梯队。通过这一策略的实施，学校教师的教学水平和专业素养得到了显著提升。2021年，学校思政课程教学团队入选首批国家级课程思政示范课程及课程思政教学名师和教学团队；2022年，学校入选湖南楚怡职教“双高双优”“湖南省楚怡高水平高职学校建设计划建设单位A档”公示名单。截至2025年7月，培养省级各类教学名师12位。

2025年1月，学校作为全国物流职业教育教学指导委员会课程思政专委会秘书处单位，组织召开全国物流职业教育教学指导委员会课程思政专委会第一次会议，会议提出了“完善体制机制建设、开发课程思政教学指南、搭建课程思政资源平台、开展课程思政研究项目、举办课程思政教学改革论坛”五项重点任务，并对下一步专委会开展的工作内容进行了部署和安排，会议的召开为推进物流职业教育课程思政建设，培养更多高素质、高技能的物流人才描绘了蓝图，指明了方向。

学校积极拓展国际合作，成为湖南省教育厅备案的来华留学生招生单位。学校开设了全英文授课专业课程，吸引了来自多个国家的留学生前来学习。同时，学校还与国外职业院校开展合作交流项目，选派教师和学生到国外学习交流，提升了学校的国际化办学水平。

“三教”改革系统深化，国家级课程思政团队实现突破，国家规划教材与精品课程数量质量双升，“三三制”赋能策略有效提升师资水平，国际化办学取得实质性进展。

3. 社会服务能力提升与产教融合持续深化

学校联合龙头企业共建“安吉智能卓越班”“晟矽微嵌入式工程师班”等定制化订单班，精准对接企业需求，保障高质量就业。

2024 年，积极响应湖南省“楚怡工匠计划”，精心设计培养方案，强化“双师型”教学团队，深化产业学院建设，举办竞赛与双创活动，提升学生实践创新能力，项目成效显著，师生竞赛创佳绩、学生就业质量提升。

学校深化“四方联动·深度嵌入”模式（政企行社），共建“冷链物流技术研究中心”等三大校企协同平台（2021 年），三年内成果丰硕（专利 35 项、产品 6 个、教材 6 本、项目 12 个、省赛金奖 2 项）。

2024 年，学校推进“三服务六共同”校企合作，与 140 余家企业深度对接，共建基地、订单班、课程体系，实施“工学交替”，引入第三方评价确保培养质量。

着力打造全国智慧物流工程行业产教融合共同体和开放型区域产教融合实践中心，深化课程内容与岗位需求、教学方法与技能竞赛融合。

2024年，立项教育部第三期供需对接就业育人项目42个。

这一阶段，产教融合持续深化创新，定制化订单班、楚怡工匠计划、四方联动平台、“三服务六共同”模式等多点开花，校企协同育人机制高效运行，国家级供需对接项目取得重大突破，服务产业发展能力显著增强。

4. 师资队伍建设

2021年以来，学校以“创新驱动、质量为本、产教融合、国际接轨”为发展主线，全面开启高质量发展新篇章。学校围绕“双师型”教师队伍建设、教学成果培育、产教深度融合、教学质量保障体系完善等核心任务，持续推进教育教学改革与品牌升级。通过深化“三名工程”（名专业、名师、名学生）、强化“三促”活动（以赛促教、以赛促学、以赛促研）、创新“岗课赛证+专本衔接”人才培养模式，学校在师资素质、学生技能、科研服务及社会影响力等方面实现跨越式发展，成为湖南省职业教育高质量发展的标杆院校。

学校始终将师资队伍建设作为高质量发展的核心驱动力，2021年，为强化教师实践能力，学校与苏宁物流、嘉里大通物流、湖南华通汇达冷链物流共建3个“双师型”教师培训基地，全年选派10名教师赴企业顶岗实践30天以上。同年，学校启动“名师大师工作室”提质工程，累计建设名师工作室24个，其中“快递实务”课程团队入选教育部课程思政教学名师和教学团队，实现国家级教学团队零的突破。2021年，学校正式成立教师发展中心，印发《教师发展中心建设方案》，以“强化思政素质、提升专业能力、服务终身发展”为目标，构建“三位一体”教师发展体系。中心下设教师培训、职业规划、心理健康等八大职能模块，通过“青蓝工程”“名师工作室”“双师素质提升计划”，学校累计培养省级教学名师4人、芙蓉学者1人、“楚怡”名师5人。

为深化教师队伍建设改革，2022年3月，学校正式成立“教师发展工作指导委员会”，全面统筹教师发展规划与政策落地。2022年，学校进一步优化师资结构，专任教师增至235人，“双师”素质教师占比提升至65.96%，研究生学历教师128人，高级职称教师75人。学校以“名师工程”为引领，深化师资队伍改革，现代物流管理“双师型”团队获评湖南省职业教育“双师型”名师工作室，物流管理专业技艺技能传承创新平台立项为省级平台，包装策划与设计专业团队入选第三届全国包装职业教育教师教学创新团队建设单位。同年，学校引进高层次领军人才19名，柔性聘请产业教授2人，企业兼职教师人数增至68人，形成“校企协同、专兼互补”的师资结构。

2023—2024年，学校师资队伍规模持续扩大，专任教师由250人增至301人，增幅达20.4%，研究生学历教师占比高达80.73%，远超教育部规定的15%合格标准。学校通过“对接标准·实践导向”双师素质提升计划，组织28名教师赴企业一线实践215天，参与真实项目运作；联合行业导师开设实践课程2076课时，推动教师从“理论型”向“实践型”全面转型。

师资队伍建设作为核心驱动力，实现规模、结构与质量同步提升。最终建成了一支规模适度增长、结构显著优化、能力全面跃升的高水平师资队伍。名师工作室体系完善，教师发展平台健全，国家级、省级教学团队与平台建设取得重大突破，为学校高质量发展提供了核心人才支撑。

（三）教师学生竞赛

学校坚持“岗课赛证”融通培养模式，构建校、院、专业三级技能竞赛体系，以竞赛成果检验教学质量，师生竞赛成绩斐然。

2021年，学校学生在全省学生技能竞赛获得奖项26个，其中一等奖5个、二等奖6个、三等奖15个。学校7支队伍在全省教师职业能力竞赛中获奖，其中一等奖1个，二等奖2个，三等奖4个。曾恋之团队斩获湖南省职业院校教师职业能力比赛一等奖，实现教学能力竞赛新突破。同年，学校在湖南省职业教育教学成果奖评选中获一等奖3个、二等奖2个，创历史新高。

2022年，全省学生技能竞赛共获得奖项27个，其中一等奖5个、二等奖6个、三等奖16个。其中，“智慧物流作业方案设计与实施”赛项获全国职业院校技能大赛三等奖，“工业4.0”赛项获金砖国家职业技能大赛三等奖。教师职业能力竞赛成果显著，在省级教学能力比赛中斩获一等奖2个、二等奖3个、三等奖3个，其中2个一等奖均为第一名；同时在省级教师思政教学能力竞赛中获一等奖1个、三等奖1个。

2023年，全省学生技能竞赛共获一等奖5个，二等奖7个，三等奖18个。其中，智慧物流获国赛一等奖，企业经营沙盘模拟赛项获国赛二等奖，商务数据分析获国赛二等奖，市场营销获国赛三等奖。教师教学能力竞赛中，学校获得省级一等奖2个（一等奖第一名1个），二等奖3个，三等奖4个，参赛获奖率达到

81.8%，为学校历年之最。其中，1支队伍一路过关斩将杀入全国职业院校教师教学能力竞赛现场赛，并最终获得二等奖，实现学校历史新突破。

2024年，学校着力打造全国智慧物流工程行业产教融合共同体和开放型区域产教融合实践中心，将课程内容与岗位需求深度融合，教学方法与技能竞赛有机结合，有效提升了学生的专业技能和职业素养。全省学生技能竞赛中，学校共获得一等奖8个、二等奖12个、三等奖27个的佳绩，获奖率比2023年提高57%，一等奖获奖率比2023年提高60%。同年，在世界职业院校技能大赛争夺赛跨境电子商务组赛项中，学校学生团队获得二等奖，成为学校首支世赛获奖团队。为深化职业教育高质量改革发展，培养高层次、高素质职业技能人才，学校引进了一批具有丰富实践经验的行业专家，与校内专任教师共同承担教学任务，形成“双师型”教学团队，强化产教融合，做强产业学院，加强晟矽微现场工程师班、海康威视深潜机器人运营维护、华为ICT学院建设。同时，学校还定期举办职业技能竞赛、创新创业项目等活动，激发学生的创新思维和实践能力。截至2025年7月，学生在各类职业技能竞赛中屡获佳绩，毕业生就业率和就业质量稳步提高。学校将继续深化“三教改革”，不断提高人才培养质量，为服务国家和湖南省重大战略需求，培养更多高素质技术技能人才贡献力量。

学校以“诊改工作”为核心，构建“23313”内部质量保证体系，即强化制度建设和绩效考核“两个抓手”，推进名专业、名教师、名学生“三名工程”，实施部门、个人、专项“三项考核”，建立“一个质量管理平台”，健全“三段工作机制”。2021年4月，学校通过湖南省教育厅诊改复核，结论为“有效”，成为省内首批通过诊改的高职院校之一。

教学质量监控方面，学校创新“教学督导+教学测评”双轮驱动机制，构建“1234”监控体系：发布1套质量简报，搭建教学督导评价系统和职教云2个平台，组建校级、院级、学生信息员3支督导队伍，实施4结合督导模式（校级与院系结合、常规与专项结合、线上与线下结合、课堂与反馈结合）。通过信息化平台实时监控教学质量，2021—2025年累计生成质量分析报告50余份，预警改进教学问题120项，有效提升课堂教学实效。

师生在省级、国家级乃至世界级技能竞赛中屡创佳绩，充分彰显了过硬的专业技能和教学水平。国家级教学成果一等奖标志着人才培养综合改革成效获得最高认可，“产教融合·双轨并行”新模式成效卓著，供需对接项目立项数量突出，人才培养质量与社会影响力持续提升。

（四）科研工作情况

2021年起，学校跨入高质量发展新时期，这一时期，学校仍秉持“师德第一、能力为本”的理念，围绕“教师全面发展”主线，坚持筑牢师德师风根基，改革职称、科研、用人评价，引导教师潜心育人，改革绩效管理，有效激发教师成长动力。学校科研工作成效显著，科研管理更加规范科学，社会服务能力不断升级。2021—2025年，科研总体情况为，立项国家级课题60项（教育部职教中心等13项，中国物流学会、行指委47项），省级课题183项（包括省教育厅、省科技厅、省社科院、省规划办、省级学会等），校级课题50项。

创新平台体系完善：建成多层次科研与技术创新平台。学校一直高度重视科研工作，努力推动楚怡工作室、博士工作室、技能大师工作室等高层次科研平台建设，推动高质量科研成果转化。按照湖南省教育厅的安排和部署，继续有序推进双高校和专业群的建设，修订“楚怡”行动高水平教师队伍建设项目的建设方案和验收标准，争创国家双高校，推动一流专业群建设。

学校主要科创平台：2012年立项物联网感知技术与应用湖南工程研究中心协同创新中心；2019年高等职业教育创新发展行动计划（2015—2018年）物联网创新基地；2019年学校成立湖南省首批“1+X”证书教学研究中心；2020年中国物流学会—物流管理“1+X”证书产教协同创新中心；2020年中国物流学会—智慧物流技术与装备协同创新中心；2022年中国物流学会—湖南现代物流职业技术学院产学研基地；2022年中国物流学会—湖南现代物流职业技术学院物流管理学院产学研基地；2022年中国物流学会—湖南现代物流职业技术学院人文艺术学院产学研基地；2022年中国物流学会—湖南现代物流职业技术学院物流工程学院产学研基地等。2022年，学校依托国家级示范职业教育集团及中国物流采购与联合会的优势资源，校企共建了湖南省物流管理“1+X”证书研究中心、跨境物流与服务产学研基地、智慧物流技术与装备产学研基地、物流管理“1+X”证书产教协同创新中心、物联网感知技术与应用湖南工程研究中心等技术研发与创新平台，鼓励广大教师开展了一系列的应用技术研究。

强化科研管理：在科研管理方面，学校不断修订完善已形成的一系列制度，以更加规范科学的方式鼓励教师加强科研工作。近年来，学校修订了八项科研管理办法，在服务学校技术开发、技术创新平台共建、企业创新发展、科研项目申报方面产生了重要的影响，并取得了可喜的成绩。2020—2021学年，学校修订完善《关于进一步加强科研课题管理的规定（试行）》等文件，鼓励广大教师聚焦区域经济和物流行业发展需要，整合行业企业优势资源，组建跨专业协同创新研发团队，进行物流工程技术协同创新中心、国家级创新团队、物流信息技术、物联网工程技术平台、跨境电子商务等领域的应用技术研究和服务产品开发。2024年，教学科研实习仪器设备的投入达到4373.17万元，生均教学科研仪器设备值达到4909.26元/生，虽较2023年略有下降，但仍高于教育部规定的4000元/生的合格标准。

社会服务水平提升：2021—2022学年，学校科研处继续组织教师申报国家级社会科学基金项目，围绕高职产学研深度融合、精准扶贫、乡村振兴、专业建设、师资团队建设及区域经济社会发展等关键问题开展项目研究，在申报和研究过程中，学校给予相应的政策激励，对申报成功的项目，在经费上予以1：1配套支持。2023年，学校依托专业特色及学校教师专业能力，着力服务企业创新发展，获取知识产权项目数36项，横向技术服务款额27.2万元，申报发明专利1项，共同攻克关键技术难题1项，共同研发产品1个。2024年学校通过科学合理地优化教育资源配置，不断深化与企业的合作，积极推动产学研深度融合，从而有效提升了学校服务产业发展的能力与水平。这一举措不仅为产业发展提供了强有力的智力支持，还显著助力了产业的提质增效。2024年学校在科研合作方面取得了显著成果，横向到账经费高达41.15万元，与2023年相比实现了25%的增长，这一成绩的取得为学校未来的可持续发展奠定了坚实的基础。在教学科研实习仪器设备方面，学校的投入也略有增长。

科研项目立项数量大幅增长，横向经费显著提升。构建了以国家级学会基地、省级工程中心为引领，覆盖多领域的特色科研平台体系。应用技术研究与服务企业能力持续增强，知识产权成果丰硕。科研管理制度健全，投入保障有力，为应用型科研和社会服务提供了坚实基础。

（五）实习实训

2020年开始，学校依托联合行业企业设立产业学院和校企共建工作室、实验室，与集团内企业共建物联网应用技术生产性实习实训基地、冷链物流工程技术研发中心、新零售创新实践中心，拓宽产学研结合途径。2022年学校在湖南省楚怡产教融合实训基地建设计划中成功立项智慧物流产教融合实训基地。学校充分利用5G+、人工智能、大数据等前沿技术，大力推进智慧教育建设，成功搭建了数字远程实训平台和虚拟仿真实训基地。

这些平台不仅模拟了企业生产中的真实任务、场景、过程和产品，还开发了一系列典型的生产性实训项目，为学生提供了高度仿真、贴近实战的训练环境，学校现代物流虚拟仿真实训基地2021年立项为省级虚拟仿真实训基地，2021年年底投入48.5万元购入仓储管理、运输管理虚拟仿真课程软件。2022年学校成功立项2022湖南省“楚怡”示范职业性教育集团和“楚怡”产教融合实训基地。2024年，学校与多家企业携手共建的智慧物流产教融合实训基地，经过精心筹备与严格评审，顺利通过了湖南省教育厅的验收。

实习实训体系向智慧化、虚拟化、生产性方向升级。省级虚拟仿真实训基地和智慧物流产教融合实训基地的建成与验收，标志着学校在运用前沿技术创设高度仿真、贴近实战的实训环境方面达到省内领先水平，为培养高素质技术技能人才提供了先进的实践支撑平台。

六、学生管理与资助

（一）辅导员队伍建设进一步加强

以赛促学，实战练兵。学校将辅导员素质能力大赛作为提升队伍核心竞争力的重要抓手。2022年，精心制定《辅导员素质能力大赛工作方案》，成立由校领导挂帅的领导小组，实施“综合热身、专题突破、全面比拼、大赛冲刺”四阶段系统备赛，通过常态化模拟测试提升实战能力，最终在全省复赛中取得第 14 名的佳绩，并成功选派代表晋级决赛。2023 年持续发力，通过组织校赛、专题研讨、论坛交流等方式全力备战。

论坛赋能，经验共享。持续打造“辅导员论坛”品牌，聚焦谈心谈话、心理健康、安全维稳、述职答辩等核心能力模块，定期组织专题研讨和经验交流（2022年4期，2023年4期），搭建互学互鉴、共同成长的平台。

培训提质，专业深耕。高度重视专业化培训，构建多元化学习渠道。外派研修：选派骨干辅导员参加省级上岗培训、科研能力提升、安全管理与危机应对等专题培训（2022 年多批次、多领域）；心理专精：持续强化心理健康辅导能力，选派心理专职教师及专干参加临床见习、人本—存在主义、以人为中心取向等高阶专业培训。名家引领：定期邀请知名专家来校开展专题讲座，内容覆盖情绪调适、危机干预、谈心谈话技巧等热点难点（2022年密集开展5场，2023年4场）。

调研破题，精准施策。2023 年，校领导率队开展辅导员职业化、专业化专题调研，深入一线了解队伍发展现状与瓶颈，为精准施策、破解难题奠定基础。

通过系统化的赛训结合、常态化的论坛交流、高规格的专家引领以及精准化的调研施策，学校辅导员队伍的专业素养、实战能力和育人水平得到显著提升，竞赛成绩稳中有进，为有效应对新时代学生工作挑战储备了高素质人才。

（二）加强学生干部队伍建设

规范建设与特色培育并重。学校持续完善学生干部选拔（常态化海选与换届）、培养（定期培训）机制，加强对学生会、宿管会、思政会等核心组织的指导。着力打造“飞虎营”（侧重综合素质与执行力）、“助理辅导员”（侧重辅助管理与朋辈引领）、“心理健康阳光天使”（侧重心理保健与朋辈支持）三支特色鲜明、功能互补的学生骨干队伍，延伸工作手臂。

赋能培训聚焦核心素养。围绕学生干部实际需求，开展针对性培训。除常规工作方法培训外，特别注重心理健康素养提升，组织学生干部、班级心理委员参加专家讲座（如唐海波、章劲元、郭晓丽等），内容涵盖情绪调适、生命意义探索、新生适应、心理委员职责与方法等，提升其服务同学和自助助人的能力（2022年多次组织）。

学校构建了规范有序、特色鲜明的学生干部选拔培养体系，通过精准赋能培训，特别是强化心理健康素养，有效提升了学生骨干的综合素质、服务意识和自治能力。“三支特色队伍”的打造，形成了学生自我管理、自我服务、自我教育的生动局面，成为学校育人体系的有力延伸。

（三）学生安全工作重点抓、抓重点

常态化安全保障：保障大型活动安全（2022年执勤410人次），严格日常值班值守与节假日巡查。

安全教育入脑入心，构建多维度安全教育体系。主题渗透：通过主题班会、安全征文、演讲比赛、知识竞赛（2023年）、防范电信诈骗宣传（2023年）等形式深化教育。实践演练：组织消防演习、专家讲座，提升应急能力。家校联动：创新建立“校领导带队、多级参与”的实地家访工作机制（2022年），深入浏阳、茶陵等地，凝聚家校共育合力，落实省教育厅“万名教师进万家”要求。

综合防范全面覆盖。持续加强消防、交通、食品、防溺水、防毒品、防盗、防传染病、防不法侵害等全方位安全知识教育，排查整治隐患，筑牢安全防线。

学校以高度的政治责任感，构建了立体化的安全教育防范网络。常态化的安全教育、创新的家校联动机制以及扎实的综合防范措施，显著提升了全校师生的安全防范意识和校园整体安全水平。学校被评为2021—2022年度湖南省高校学生思想政治教育研究与实践“先进单位”、2022年湖南省学生安全短视频大赛“学校组”二等奖。

（四）学生资助工作

体系化运作保障精准高效。持续完善“奖、助、贷、勤、补、免、社会资助”多元一体的资助体系。优化工作流程，2022年完成贫困生库电子化管理，提升精准识别与动态管理水平。严格执行“公平、公正、公开”原则，规范评审发放流程，2023年实现“零信访投诉”。

资助力度持续加大，覆盖广泛。年度资助金额保持高位运行（如2021年惠及2154人次，2022年惠及2073人次，2023年惠及2936人次）。勤工助学规范拓展：设立并管理数10个勤工助学岗位（2021年40余个，520人次；2022年300人次；2023年40人次），程序规范透明。绿色通道畅通无忧：保障困难新生顺利入学（2021年320余人，2022年340余名生源地贷款）。社会力量有效补充：积极争取校友资源（如深圳校友会资助）设立专项基金帮扶特困生。

学校学生资助工作实现了精准识别、规范运作、应助尽助。资助体系高效运转，覆盖面和保障力度持续增强，有效解除了家庭经济困难学生的后顾之忧。规范的勤工助学和社会资助拓展了帮扶渠道，确保了无一名学生因贫失学，充分彰显了教育公平与人文关怀。

（五）心理健康教育工作

四级网络筑牢防线。持续强化“校—院—班—寝”四级心理健康防护网络建设。修订完善《心理危机干预工作实施办法》等制度文件（2023年），印发《工作指南》，加强校院联动机制（2023年通知）。核心是充分发挥朋辈互助力量（心理委员、阳光天使），通过系统培训（工作记录本、晴雨表使用、助人技巧）提升其识别与初步干预能力。

专业服务提质增效。咨询服务常态化：年均为200余人次提供个体心理咨询。团体辅导规范化：定期开展主题团体辅导。危机干预精准化：坚持每学期全校心理危机排查（年均4次），2022年成功发现和干预40余人次危机事件。

品牌活动深化影响。精心打造“5·25大学生心理健康活动月”（2021年“我爱我，享受美好生活”九大活动）、“10·10精神卫生日”（2022年“心理健康，社会和谐”系列活动）等品牌活动，通过创意视频、手抄报、趣味测试等丰富形式普及知识，提升意识。

协同发展提升能级。医校协同：与湖南省第二人民医院签订合作协议，开通就医绿色通道（2022年）。校际合作：与湖南机电职业技术学院、长沙电力职业技术学院共建心理示范校，联合开展资源建设、集体备课、主题教育活动（2022年8次，2023年12次），顺利通过省级验收，实现资源共享、优势互补。

专业队伍持续强化。加大对专兼职教师、辅导员的专业培训力度，密集邀请省内顶尖专家（余洁、唐海波、袁红梅等）开展高阶培训（2023年6次专兼职培训+2次朋辈培训）。

学校心理健康教育工作体系日益成熟，四级防护网络严密有效，朋辈互助机制特色鲜明。专业服务水平持续提升，危机干预及时精准。品牌活动深入人心，校医协同、校际共建开创了资源整合、合作共赢的新局面，显著提升了工作能效和专业影响力。多次获评湖南省高校心理健康教育“先进单位”，教师、学生社团屡获省级表彰，工作成效获得高度认可。

七、招生与就业情况

（一）招生工作情况

进入21世纪第三个十年，学校招生工作相对稳定，出现生源不愁的喜人局面。2021年招生规模回升至2977人，2022年突破3000人大关（3200人），2023—2024年稳定保持在3200人，较2020年增长30%。为了不断优化生源，学校积极构建“招培就”联动机制。依据就业市场需求调整招生计划，对就业率低、市场人才较为饱和的专业缩减招生名额，对市场前景较好的新兴行业不断增加招生名额。2021年以来，学校招生规模突破3000人/年，同时增加了在西藏地区的招生。

在招生过程中学校严格执行制度、坚持标准、阳光透明、规范操作。在录取过程中，强化纪律红线，设立录取机房，实行封闭工作，严格按照“公平、公正、公开”原则，坚持关键数据三方录盘签字。过去五年，学校招生录取工作平稳、有序，实现“零事故、零违纪、零投诉”的工作目标。

（二）就业工作情况

就业是最大的民生，是学校发展的生命线，学校始终把促进学生更高质量和更充分就业作为学校党委行政的中心工作之一。扎实推进学校毕业生高质量就业服务体系建设，突出以创业带动就业，及时发布就业质量年度报告，积极构建“招培就”联动机制。学校始终坚持以学生为中心，既要“强机制”抓实效，更要“暖人心”促成长，让每一名毕业生都能在服务物流强国建设中绽放光彩。2025年学校凭借“政策贯通、帮扶精准、校企协同”三维创新体系，连续第三次（两年一次）获评湖南省普通高等学校就业创业工作“一把手工程”优秀单位。作为全国物流类高校排头兵，学校紧扣国家“十四五”就业促进规划与湖南省“稳就业、保就业”专项行动要求，以服务区域经济与物流行业升级为导向，多措并举护航毕业生高质量充分就业。

（三）全面推进校企合作

通过校企联合办学、订单班培养、行业标准制定（如物流管理技能抽查标准）及产教融合实训基地建设，深化产教融合，推动区域物流产业数智化升级，构建多维校企合作生态。推动产业学院建设，与海康机器人、京东等共建产业学院，以校企合作方式共建华为ICT学院，覆盖智能物流技术、供应链管理等核心领域，形成“专业群+产业学院”协同模式。产教融合实训基地建设成效显著，与海康机器人共建智慧物流机器人技术实训基地，开发HCT—HCP三级认证体系，实现“教学—实训—认证—就业”闭环，累计输送150余名现场工程师。

校企合作订单班成效显著，开设“安吉智能卓越班”“晟矽微嵌入式工程师班”等定制化项目，采用“学生—学徒—准员工—员工”三阶培养机制，学生转正后薪资达5000～8000元/月。

引入聘任企业导师参与课程建设，引入海康机器人、晟矽微电子等企业技术骨干担任产业导师，参与课程开发与实践指导，例如，深圳市中诺思科技股份有限公司的王建宇先生受聘为智能物流技术专业群导师。

在教育部供需对接育人项目中，学校立项76项，与深圳商雅创新、上海晟矽微电等合作开展定向人才培养，建立就业实习基地，2024年“集成电路应用技术创新中心”在长沙落地。

学校校企合作典型案例获国家级认可，《聚焦物流行业数智化　校企“联姻”共育现场工程师》入选2023—2024年产教融合典型案例。酒店管理专业校企合作项目入选中国饭店业产教融合典型案例。

2025年1月，学校与中南林业科技大学、北京华航唯实机器人科技股份有限公司牵头，联合全国98家单位共同发起了全国智慧物流工程行业产教融合共同体成立大会。共同体将通过健全运行机制、联合开展人才培养、协同开展技术攻关、共同开发教学资源等途径，推动物流行业的科技创新和智能化发展，为物流行业发展的产教融合新形态构建提供有力支撑。共同体的成立是物流行业和教育领域深度融合的重要里程碑，将为智慧物流的发展注入新的活力。

八、群团工作和校园文化活动

（一）群团工作情况

2021—2024年，学校秉持为党育人、为国育才的使命，各项群团工作稳步前行、成效显著，获评2023年度省直五星级“五型”团（青）组织。

强化思想引领，筑牢信仰根基。常态化开展党的青年运动、建团100周年大会、党的二十大精神等主题教育实践学习，实现团支部组织化学习100%全覆盖。通过“喜迎二十大、永远跟党走、奋进新征程”等系列活动，推动党的二十大精神在团员青年中落地生根。

夯实组织建设，提升工作效能。持续推进“智慧团建”工作。完善“三会两制一课”制度，结合“五四”评优开展团员与基层团组织考核。深化“青马工程”，多次获评湖南省青马在线“优秀组织单位”。规范团员发展与“推优入党”，2023年被列为全省“推优入党”试点单位，团员“推优”比例达90%。

深化实践教育，培育创新人才。组织团员参与“三下乡”“返家乡”等实践活动，建立社区报到机制，确保团员年度志愿服务时长不少于20h。落实青年就业计划，开展“扬帆计划”等实习活动。在创新创业赛事中屡创佳绩，2022年获“挑战杯”湖南省赛2金1银及团体优胜杯，2023年斩获“挑战杯”国赛金奖。

繁荣社团文化，赋能全面发展。推进“金钥匙”大学生素质拓展工程，将社团活动融入人才培养。出版“大学生成长‘金钥匙’系列丛书”实践育人教材，建立4个实践基地，8000余人加入社团，开展3600余次活动，学生参与率超90%，获省级以上奖励130多项，相关活动获省级以上媒体报道80余次，项目入选湖南省高校思政精品项目。2023年获湖南省青年文化艺术节“优秀组织奖”。

深耕志愿服务，践行社会责任。全校注册志愿者从2021年4699人增至2024

年 7662 人，累计志愿服务时长不断增长。学校连续多年获评长沙市无偿献血先进单位，“三下乡”志愿服务团队入选 2024 年团中央“七彩假期”志愿服务团。

（二）校园文化活动蓬勃发展

学校继续深耕“三季育人”教育体系，创新构建沉浸式典礼教育场景。开学季以“十项倡议”“书记赠书”等品牌活动为引领，深度融入思想政治教育内核，通过“不忘初心　匠心育人”迎新生庆国庆暨优秀教师表彰文艺晚会等大型主题活动，将新生入学教育、优秀教师表彰、爱国主义教育有机融合。以舞台艺术为载体，巧妙融入中华优秀传统文化、革命文化与社会主义先进文化元素，实现思政教育如春风化雨，润物无声。毕业季精心打造“时光胶囊”记忆工程，依托毕业专题片《物院年轮》，全景式串联课堂教学、实训实践、社团活动等校园生活图景，为毕业生镌刻独特的青春印记。

学校以“扫黄打非”工作为突破口，构建“宣传教育—制度建设—专业融合”三位一体工作体系，着力培育物流专业人才的文化安全意识。通过专题宣讲、知识竞赛等多元活动，持续提升师生参与度与认同感。凭借扎实工作成效，学校先后获评长沙市、县“扫黄打非”进基层示范点，并于 2022 年成功获评湖南省“扫黄打非”进基层示范点。

学校积极开展主题教育实践活动。围绕庆祝中国共产党成立 100 周年，成功举办“青春为祖国献礼，庆祝中国共产党成立 100 周年”摄影大赛。同时，组织师生踊跃参与湖南省公益广告大赛、“青春学习堂”短视频大赛、“奋斗青春号”系列主题活动等省级赛事，屡获佳绩。学校高度重视环境育人功能，于校园核心区域——学校大门、崇技楼、学生公寓、明德楼等显著位置，精心布设社会主义核心价值观主题造型与雕塑，让社会主义核心价值观浸润校园每个角落，营造浓厚的育人氛围。

九、社会服务

（一）积极参与乡村振兴

根据省驻村办工作安排，学校于 2021 年 5 月选派 3 名干部（1 名队长，2 名队员）组成驻村工作队，赴怀化市辰溪县大桥村开展乡村振兴帮扶并长期驻村。2023 年 5 月，根据省委组织部《关于有序做好乡村振兴驻村第一书记和工作队员轮换的通知》，学校继续选拔 3 名干部赴辰溪县大桥村开展接续帮扶。校党委高度重视乡村振兴工作，把乡村振兴工作纳入学校党委年度工作要点，明确了乡村振兴工作目标任务。校党委多次听取乡村振兴工作情况汇报，在资金困难的情况下每年拨付资金 70 万元用作乡村振兴和驻村工作经费，同时采取“以购代捐”方式，每年利用工会资金 30 余万元购买帮扶村柑橘、土鸡、腊肉等农副产品，推动帮扶村产业发展，校党委班子成员多次前往怀化市辰溪县大桥村进行调研走访，帮助解决驻村工作中的困难和问题。学校工作队自驻村以来，坚持以做规划为先手、以抓党建为引领、以固成果为抓手、以兴产业为支撑、以美村庄为契机，全力协调各方关系，大力争取产业项目，工作得到当地各级领导的充分肯定。驻村帮扶四年来，学校为帮扶村编制了《大桥村乡村振兴发展规划》，确定了推进“三园三实三渠道”建设，走“村园一体化”乡村振兴之路的发展道路。开展了道路硬化、村内美化亮化工程，修建了农产品冷链物流中心、生态旅游项目休闲农庄，发展了柑橘、油鸡、油茶等产业，开展了篮球、羽毛球等青少年训练项目，大桥村发展呈欣欣向荣态势，学校驻村工作 3 次被省委组织部考核为“好”等次。

（二）国际合作办学与留学生工作

1. 国际合作办学

学校自 2012 年起，与德国北黑森应用技术大学签订合作办学协议，共同推进学校现代物流管理专业（原物流管理专业）专业建设，强化人才培养质量的提升。2019 年，经湖南省教育厅批准合作办学项目有效期延至 2024 年 12 月。2022 年再次通过湖南省教育厅延续招生资质审核和现场考察评估，教育部备案，项目有效期延至 2027 年 12 月。

2021—2024 年学校国际合作办学招生 80 人，学校在中德合作办学过程中，坚持以我为主，学习与吸收德国双元制教学经验，引进优质课程 10 多门，开展多层次的专业教师与外籍教师的交流互动，提升了专业建设水平和办学质量。同时借助中德合作办学契机，逐渐形成了稳固的国际化师资教学团队，辐射带动了学校各个专业各个层面的发展，并为学校招收外国留学生，援外培训及开展形式多样的对外合作，走开放办学，探索现代物流管理专业职业教育国际化本科路径，提升学校高质量发展，为“双高”建设提供了有益的尝试，奠定了扎实的基础。2023 年，在第七届中国（长沙）国际职业教育大会暨产教融合博览会上学校推送的“合作办学中西合璧融通，援外培训‘一带一路’联姻”案例在大会开幕式成果发布中荣获“走向世界中国职业教育方案——共建‘一带一路’职业教育合作成果”优秀案例；同时学校也获得了“EducationPlus 2023 职业教育对外交流与合作典型院校”荣誉称号。

2. 留学生工作

2021 年学校共招收 3 名马来西亚来华留学生，3 人均为电子商务专业。2022 年学校连线独大教育，开展线上招生宣传工作，学校 2020 级和 2021 级留学生直到 2022 年 11 月才到校开展学习。为保障留学生的学习不受影响，学校灵活制定了来华留学生线上课程网络教学方案，及时推送课程教学安排、教学大纲、教案、课件等辅助教学内容，提供学习建议和参考资料等资源，及时进行答疑辅导。同时关怀学生身心健康，定期联系留学生并召开网络视频会议进行沟通，时刻掌握留学生生活、心理动态，确保学生的身心健康安全。

学校积极动员留学生参加校内外活动。2022 年 6 月开展“感受中国文化，体验民俗风情”留学生视频创意活动；2023 年 4 月组织留学生参加“讲好中国故事，促进国际交流”楚怡读书分享会，和继续教育学院学生一起分享了马来西亚名著，介绍了马来西亚的风土人情和历史文化；2023 年 5 月组织留学生参加“礼赞党的二十大，奋进有为新征程”“五四”表彰晚会，和国内学生共唱《明月几时有》；2023 年 9 月组织留学生参加“不忘初心　匠心育人”迎新生庆国庆晚会，和国内学生一起用四国语言同唱《和未来有约》；2023 年 9 月组织留学生参加中国—东盟智慧物流国际邀请赛，荣获三等奖。

（三）社会培训

学校聚焦新兴技术领域，构建多层次职业培训体系。

培训项目创新：2021 年开发重点领域培训项目 6 个，包括物流管理教师企业实践国培项目、中职课程实施能力提升国培项目等，覆盖“双师型”教师技能提升、新形态教材开发等领域。校企共建高水平培训基地 15 个，年培训规模达 660 人次。2024 年学校积极开展服务产业培养培训，承办财经商贸类课程实施能力提升国培项目，培训学员来自湖南省内 40 所高职院校财经商贸类专任教师，培训 120 学时。学校牵头成立全国物流行指委课程思政专委会，由学校党委书记任主任委员。同时承担学历教育和培训任务的“双岗”教师占专业课教师比例达到 17.40%。

“1+X”证书试点：2022 年，学校开展“1+X”证书试点培训 255 人次，覆盖网店运营推广、工业机器人应用编程等领域，学生证书通过率达 98%。

湖南工匠学院智慧物流分院成立：2025 年 1 月，湖南工匠学院智慧物流分院在学校成立，学校在物流教育与培训领域迈出了新的步伐。每年举办两期物流供应链管理师和物流师培训班，举办物流行业的叉车技能大赛和快递小哥技能大赛等专业赛事，逐步构建“工匠学院+实训基地+线上线下结合培训+技能竞赛”四位一体的长链条职工技能提升体系，将为物流行业培养更多高素质技术技能人才，为推动地区乃至全国物流产业的发展做出新的贡献。

（四）服务区域经济发展

1. 国家战略服务拓展

学校主动服务“中国制造 2025”战略，推动产教深度融合。加大智能制造人才培养力度，2021—2022 年，新增人工智能技术服务、大数据技术与应用等专业，构建智慧物流技术专业群，为智能制造领域输送高技能人才 472 人。立项智造类课题 19 项，获专利 20 项，联合蓝思科技培养智慧物流工程师，助力产业智能化转型。开展国际化服务，受商务部和湖南省商务厅委托，2022 年承办“发展中国家民营企业管理与发展研修班”，为“一带一路”共建国家培训企业高管。输出专业教学标准 2 个、课程标准 12 个，探索“中文+职业技能”教育模式，提升国际影响力。参与湘粤非铁海联运通道建设，编制发展规划并提供全程智力支持，助推外贸“破浪出海”。当前，湘粤非铁海联运通道成为湖南打通的全国第一条以非洲为特色的铁海联运通道，2024年该通道纳入国家集装箱铁水联运品牌线路典型案例。

2. 区域发展精准对接

学校深度对接湖南区域经济需求，服务“四大板块”与新兴优势产业链。

专业布局逐步优化。2022年，学校服务“三高四新”战略的专业达29个，包括工业机器人、港口与航运管理等，输送高技能人才1626人。电子信息工程、物联网等专业对接长株潭核心引领示范区，商贸物流专业服务大湘西经济区。

产教融合平台建设逐步建强。2023年学校加入全国物流与供应链产教融合共同体，共建京东产业学院、智慧物流产教融合实训基地。2023年，学校在湖南省楚怡产教融合实训基地建设计划中成功立项智慧物流产教融合实训基地。推动“现场工程师”培养计划，在校生参与比例达0.22%；实施现代学徒制人才培养，在校生参与比例达0.17%。

学校积极申报并成功筹建了智慧物流工程应用技术中心。该中心将聚焦于智慧物流领域的前沿技术研究与应用开发，致力于为湖南省的“4×4”现代产业体系提供智能化、高效化的智慧物流支撑服务，推动物流产业转型升级，助力湖南省乃至全国的现代产业体系实现更高质量、更可持续的发展。

第二节　未来展望

面向未来，学校将锚定建设“全国一流、特色鲜明”物流类高职院校的战略目标，以服务国家战略和区域经济社会发展为己任，以数字化转型和产教融合为双引擎，全面开启高质量发展新征程。

一、打造全国职业教育数字化转型示范高地

面向未来，学校将以“数字技术重塑职业教育生态”为核心战略，聚焦物流产业数字化升级需求，推动信息技术与教育教学、管理服务、产教融合的深度渗透，力争建成全国职业教育数字化转型示范高地，形成可复制的“物流+数字”双核驱动发展模式。

筑基智能基座：建成“云网端边”协同的智能化基础设施体系，实现5G/Wi-Fi 6双千兆全域覆盖与超低时延教学环境。打造国内领先的“物流教育元宇宙中心”，集成数字孪生、VR/AR等沉浸式实训场景，年服务能力突破10万人时。

重塑智慧教学：构建“三维立体”智慧教学体系，建成颗粒化数字资源库（校企共建特色资源超40%）。普及第五代智慧教室，应用AI实现多模态课堂分析与精准评价。建立基于区块链的学分银行，贯通“学习—认证—就业”可信数据链。

升级治理效能：构建“一脑三中心”智能治理体系，赋能招生预测、专业优化、风险评估等核心决策（响应速度提升60%）。实现教学质量全流程监控与实训设备预测性维护（故障响应≤2h）。部署量子加密与AI防御系统，筑牢网络安全防线（事件率<0.5%）。

深化数字产融：携手头部企业共建“数字技术应用研究院”，聚焦智能仓储数字孪生、跨境物流区块链平台、无人配送协同调度三大领域，实现核心技术与

产业场景的深度融合与创新应用。

二、构建引领全国的产教融合新生态

学校将立足物流产业发展前沿，紧扣国家战略与区域发展需求，以自身在标准制定、规划编制、项目研究等领域的深厚积累为基石，全力构建引领全国的产教融合新生态，为物流行业高质量发展注入源源不断的动力。

1. 对接“三高四新”美好蓝图，筑牢产教融合区域根基

湖南省“三高四新”美好蓝图的深入实施，为物流产业转型升级指明了方向，也为学校产教融合提供了广阔舞台。学校以服务国家重要先进制造业高地、具有核心竞争力的科技创新高地、内陆地区改革开放高地建设为目标，将教学、科研与产业需求深度绑定。学校联合国内知名物流企业共建“智能物流与供应链管理”等协同创新中心，围绕大数据、物联网、区块链、人工智能等技术在物流与供应链领域开展联合攻关。学校将继续加强与湖南省物流行业主管部门、物流行业协会等的合作，继续贡献服务区域物流产业发展、物流企业运营与管理优化升级的学院智慧，同时，通过“研究与规划反哺教学”的模式，让学生在参与实际项目中理解物流与区域经济的联动关系，培养出一批既懂理论又通实践的复合型人才。

2. 借力“一带一路”与中非合作，拓展产教融合国际维度

随着“一带一路”倡议的深入推进和中非经贸合作的持续升温，跨境物流需求日益旺盛，将为学校产教融合开辟更广阔的国际化路径。学校将立足湖南作为中非经贸深度合作先行区的区位优势，将国际物流人才培养与产业服务纳入产教融合体系。在人才培养方面，学校与非洲的职业院校建立“物流教育联盟”，共同开发相关国际化课程，课程内容既涵盖国际物流通用规则，又融入中非贸易特色案例。同时，将与中非国际物流通道运营企业合作开展“订单式”培养，定向输送熟悉多语种、通晓国际物流流程的专业人才，使之成为连接中外物流通道的骨干力量。

3. 聚焦降本增效需求，强化产教融合行业服务能力

降低全社会物流成本是推动经济高质量发展的重要举措，也是学校产教融合的重要发力点。学校凭借在物流项目可行性研究、企业运营管理优化等方面的专业能力，与物流行业企业共建“物流成本优化服务中心”，为不同规模的物流企业提供定制化解决方案。此外，学校将依托牵头制定的《县乡村三级物流配送体系建设规范》《县域商贸物流体系建设规范》《国际物流口岸铁公、公铁联运作业规范》等多项地方标准，推动标准在物流行业企业的应用，在规范行业秩序、提升运作效率、降低物流成本的同时，更成为学校专业教学的重要依据。学校将标准内容融入课程体系，让学生在校期间就能掌握物流行业标准与规范，毕业后快速适应岗位需求，实现“标准引领教学、教学支撑产业”的良性循环。

4. 创新协同机制，构建产教融合生态闭环

在组织保障上，学校充分发挥牵头组织的湖南省物流职业教育集团、全国智慧物流工程行业产教融合共同体、市域产教联合体等组织的作用，定期召开联席会议，共同制定人才培养方案、开发课程资源、建设实训基地，实现教育资源与产业资源的高效对接。

在评价体系改革方面，学校将建立“产业贡献度”评价指标，将教师参与企业项目、技术服务收入、毕业生行业认可度等纳入考核体系，引导教师从“讲台”走向“车间”。同时，引入企业评价机制，企业对学生实践能力的评价占毕业总成绩的一定比例，确保人才培养与岗位需求精准匹配。

未来，湖南现代物流职业技术学院将继续深化产教融合改革，以更高站位对接国家战略，以更宽视野拓展国际合作，以更实举措服务区域行业企业发展，全力构建“人才共育、过程共管、成果共享、责任共担”的产教融合新生态，为全国物流职业教育发展提供可复制、可推广的“湖南方案”。

三、建设全国一流物流类高职院校

未来，学校将坚持以习近平新时代中国特色社会主义思想为指导，深入贯彻党的二十大和二十届二中、三中全会精神，全面贯彻习近平总书记关于教育的重要论述，深入贯彻《中华人民共和国职业教育法》《教育强国建设规划纲要（2024—2035年）》和全国、全省教育大会精神，聚焦全国智慧物流行业、产业发展趋势，立足服务湖南省“4×4”现代化产业体系建设，通过实施党建领航工程、立德树人工程、内涵提升工程、强基赋能工程、幸福校园工程“五大工程”，以深化产教融合、科教融汇为重点，以提升关键办学能力为核心，全面服务中国式现代化建设，团结带领全校教职工落实立德树人根本任务，努力培养基础扎实、技能过硬、素质优良、全面发展的高素质技术技能人才、能工巧匠、大国工匠，为建设更高质量的“特色、一流、开放、文明、幸福”物院而努力奋斗。

附录1：

历任校领导名录（党委班子成员）

一、1965—1968年

姓名	职务	备注
艾景全	校长	湖南省物资局政治部主任兼任
梁耀敏	副校长	主持学校全面工作

备注：此时校址在原省农业机械化学校内

二、1978年9月—1983年7月

姓名	职务	任职时间
黎　锋	校长、书记（湖南省物资局副局长兼任）	1978年9月—1983年7月
倪南端	副校长、副书记（主持学校全面工作）	1978年9月—1983年7月
谭光明	党委委员、副校长	1978年9月—1983年7月
宋光明	党委委员、副校长	1979年7月—1983年7月
丁炎山	党委委员	1980年4月—1983年7月
邓振林	党委委员	1980年4月—1983年7月
朱　江	党委委员、副校长	1981年12月—1983年7月
朱敬德	副校长	1983年1月—1983年7月
王应魁	党委委员、副校长	1982年5月—1983年7月
胡学勤	党委委员、副校长	1981年12月—1983年7月

三、1983年8月—1988年1月

姓名	职务	任职时间
倪南端	党委书记	1983年8月—1985年1月
樊湘年	党委书记	1987年3月—1988年1月
周勋章	校长	1983年8月—1988年1月
姚政清	党委委员、副校长	1983年7月—1985年1月
	党委副书记	1985年1月—1988年1月
储子黔	党委副书记	1985年11月—1988年1月
朱敬德	党委委员、副校长	1983年8月—1988年1月
廖晓光	党委委员、副校长	1985年1月—1988年1月
朱　江	党委委员、纪检书记	1983年7月—1985年12月
颜超凡	党委委员	1985年1月—1988年1月
王应魁	工会主席	1983年8月—1988年1月

四、1988年1月—1994年7月

姓名	职务	任职时间
樊湘年	党委书记	1988年1月—1994年7月
周勋章	校长	1988年1月—1989年4月
朱　芾	党委委员、副校长	1988年11月—1990年2月
	党委副书记、校长	1990年2月—1991年11月
赵平光	校长	1991年11月—1994年3月
储子黔	党委副书记	1988年1月—1991年11月
姚政清	党委委员、副校长	1988年1月—1994年7月
朱敬德	党委委员、副校长	1988年1月—1994年7月
廖晓光	党委委员、副校长	1988年1月—1991年11月
熊家华	纪委书记	1988年1月—1994年7月
王应魁	工会主席	1988年1月—1991年11月

五、1994年7月—2001年3月

姓名	职务	任职时间
樊湘年	党委书记	1994年7月—1995年12月
李建球	校长、党委副书记	1994年7月—2001年3月
姚政清	党委副书记	1994年7月—2001年3月
李鹏高	党委委员、副校长	1997年3月—2001年3月
孟益民	党委委员、副校长	1997年3月—2001年3月
周务农	党委委员、副校长、纪委书记	1994年7月—2001年3月

六、2001年4月—2005年8月

姓名	职务	任职时间
姚政清	党委书记	2001年4月—2005年8月
倪文栋	校长、党委副书记	2001年4月—2005年8月
周务农	党委委员、副校长、纪委书记	2001年4月—2005年8月
袁世伟	党委委员、副校长	2001年4月—2005年8月
孟益民	党委委员、副校长	2001年4月—2005年8月
彭六生	党委委员、副校长	2001年4月—2002年10月
文建军	党委委员、工会主席	2001年4月—2005年8月

七、1975年9月—2005年3月

姓名	职务	任职时间
李仲秋	湖南橡胶厂“七·二一”工人大学校长	1975年9月—1982年7月
李仲秋	长沙市化学工业局职工大学校长	1982年7月—1991年5月
郎艺珠	湖南省石油化工职工大学校长（湖南省石化厅厅长兼任）	1991年5月—2003年4月
雷桂华	湖南省石油化工职工大学长沙分校党支部书记、校长	1992年10月—2002年10月
姚建华	湖南省石油化工职工大学长沙分校校长	2002年11月—2003年4月

续表

姓名	职务	任职时间
雷桂华	湖南省石油化工职工大学长沙分校党支部书记	2002年10月—2003年4月
龚全安	湖南省石油化工职工大学长沙分校副校长	2002年11月—2003年4月
邹燕南	湖南省石油化工职工大学长沙分校副校长	2002年11月—2003年4月
姚建华	湖南省石油化工职工大学校长	2003年4月—2005年3月
雷桂华	湖南省石油化工职工大学党支部书记	2003年4月—2005年3月
龚全安	湖南省石油化工职工大学副校长	2003年4月—2005年3月
邹燕南	湖南省石油化工职工大学副校长	2003年4月—2005年3月

八、2005年8月—2017年7月（第一届党委班子）

姓名	职务	任职时间
倪文栋	党委书记	2005年8月—2016年7月
文振华	党委副书记、院长	2005年8月—2015年3月
姚建华	党委副书记、副院长	2005年8月—2017年10月
周务农	党委委员、纪委书记、副院长	2005年8月—2017年10月
孟益民	党委委员、副院长	2005年8月—2017年10月
袁世伟	党委委员、副院长	2005年8月—2017年10月
肖智清	党委委员、副院长	2008年4月—2017年6月
文建军	党委委员、工会主席	2005年8月—2008年4月
龙　吟	党委书记	2016年8月—2017年7月
邓德艾	院长	2016年4月—2017年7月

九、2017年7月—2025年4月（第二届党委班子）

姓名	职务	任职时间
龙　吟	党委书记	2017年7月—2025年4月
邓德艾	党委副书记、校长	2017年7月—2023年12月

续表

姓名	职务	任职时间
周务农	党委副书记	2017年7月—2023年11月
胡昌建	党委委员、纪委书记	2017年7月—2024年1月
彭六生	党委委员、副校长	2017年7月—2023年7月
严若红	党委委员、副校长	2017年7月—2023年11月
陈建华	党委委员、副校长	2017年7月—2024年6月
夏红球	党委委员、党委宣传部部长	2017年7月—2024年7月
肖　勇	党委委员、组织人事处处长	2017年7月—2024年7月
	党委委员、副校长	2024年7月—2025年4月
邓剑波	副校长	2023年9月—2024年7月
	党委副书记	2024年7月—2025年4月
罗　勇	副校长	2024年4月—2025年4月
	党委委员	2024年7月—2025年4月
刘贵书	党委委员、纪委书记	2024年7月—2025年4月
邢　伟	党委委员、副校长	2024年7月—2025年4月
柳　琼	党委委员、宣传统战部部长	2024年7月—2025年4月
梁　飞	党委委员、组织人事部部长	2024年7月—2025年4月

十、2025年4月至今（第三届党委班子）

姓名	职务
龙　吟	党委书记
邓剑波	党委副书记
罗　勇	党委委员、副校长
刘贵书	党委委员、纪委书记
肖　勇	党委委员、副校长
邢　伟	党委委员、副校长
柳　琼	党委委员、宣传统战部部长
梁　飞	党委委员、组织人事部部长

附录2：

学校历年重要荣誉

序号	项目名称	级别	立项单位	立项时间
1	中国物流人才培养基地	国家级	中国交通企业管理协会物流管理委员会	2007年
2	中国物流杰出贡献奖：中国物流人才培养杰出院校	国家级	中国国际物流科技展览会组委会、现代物流报	2009年
3	全国十佳优秀高职学院	国家级	中国教育网、中国教育在线	2010年
4	全国高职高专院校科研工作先进单位	国家级	中国高等职业技术教育研究会	2011年
5	影响中国物流杰出贡献奖—物流创新型杰出院校	国家级	现代物流报、中国绿色物流发展促进联盟	2012年
6	教育部人才培养工作水平评估优秀院校	国家级	教育部	2013年
7	教育部现代学徒制第二批试点单位	国家级	教育部	2017年
8	全国最具办学特色示范院校	国家级	中国教育研究与评价中心	2017年
9	最受物流行业欢迎的高等职业院校	国家级	中国物流业大奖组委会	2017年
10	国家级物流信息专业教学资源库立项建设单位	国家级	教育部	2017年
11	物流金融管理、物流信息技术、物流工程技术3个国家级专业教学标准牵头制定单位	国家级	全国物流职业教育教学指导委员会	2017年、2019年

续表

序号	项目名称	级别	立项单位	立项时间
12	优质省级职业院校教师素质培训基地	国家级	教育部和财政部职业院校教师素质提高计划国家级培训项目管理办公室	2018年
13	全国物流职业教育人才培养基地	国家级	中国物流与采购联合会、全国物流职业教育教学指导委员会	2018年
14	教育部《高等职业教育创新发展行动计划（2015—2018年）》骨干专业5个，生产性实训基地1个	国家级	教育部	2019年
15	教育部网络学习空间应用普及活动优秀学校	国家级	教育部办公厅	2019年
16	全国物流行业职业教育教学名师奖	国家级	中国物流与采购联合会、全国物流职业教育教学指导委员会	2019年、2021年
17	教育部高等职业学校物流信息技术专业实训教学条件建设标准主要参与编制单位	国家级	教育部	2019年
18	国家物流职业教育人才培养基地	国家级	教育部职业技术教育中心	2019年
19	全国物流管理“1+X”证书制度师资培训基地	国家级	教育部职业技术教育中心	2019年
20	全国物流管理“1+X”证书制度师资培训基地	国家级	教育部职业技术教育中心	2019年
21	首批全国五个“1+X”证书制度试点专业牵头单位	国家级	教育部职业技术教育中心	2019年
22	第一批国家级示范性职业教育集团（联盟）培育单位	国家级	教育部职业教育与成人教育司	2020年
23	全国物流行业先进工作者	国家级	人力资源和社会保障部、中国物流与采购联合会	2020年

续表

序号	项目名称	级别	立项单位	立项时间
24	国家级课程思政示范项目	国家级	教育部	2021年
25	《供应链管理师（2020年版）》国家职业技能标准主要参与制定单位	国家级	人力资源和社会保障部	2021年
26	首批和第三批国家级职业教育教师教学创新团队立项建设单位	国家级	教育部	2022年
27	首批国家级课程思政示范课程及课程思政教学名师和团队单位	国家级	教育部	2022年
28	2022年“中文在线杯”全国高职高专院校信息素养大赛最佳组织奖	国家级	教育部高等学校图书情报工作指导委员会高职高专院校分委员会、高等教育文献保障系统管理中心	2022年
29	全国物流职业教育教学指导委员会第一副主任单位（湖南省仅2所）	国家级	全国物流职业教育教学指导委员会	2022年
30	第十三届“挑战杯”中国大学生创业计划竞赛金奖	国家级	共青团中央、中国科协、教育部、中国社会科学院、全国学联	2022年
31	教育部第二批数字校园试点单位	国家级	教育部	2023年
32	第三批“全国党建工作样板支部”培育创建单位	国家级	教育部办公厅	2024年
33	中国物流学会优秀产学研基地	国家级	中国物流学会	连续多年
34	湖南省示范性高职学院	省部级	湖南省教育厅	2009年
35	湖南省示范性职业教育集团	省部级	湖南省教育厅	2011年

续表

序号	项目名称	级别	立项单位	立项时间
36	湖南省“黄炎培优秀学校奖”	省部级	湖南省教育厅	2012年
37	2012年省直单位工会工作先进单位	省部级	湖南省直属机关工会委员会	2012年
38	湖南省文明高校	省部级	省委教育工委、省教育厅	2012年
39	获得湖南省利用亚洲开发银行贷款职业教育示范项目支持	省部级	国家发改委、财政部、省发改委和省财政厅	2013年
40	湖南省模范职工之家	省部级	湖南省总工会	2016年
41	湖南省第六批省级语言文字规范化示范校	省部级	湖南省教育厅	2018年
42	湖南省实习管理八强校	省部级	湖南省教育厅	2018年
43	优质省级职业院校教师素质培训基地	省部级	教育部	2018年
44	湖南省文明校园	省部级	湖南省精神文明建设指导委员会	2018年
45	湖南省平安高校	省部级	湖南省教育厅	2018年
46	湖南省语言文字示范校	省部级	湖南省语言文字工作委员会、湖南省教育厅	2018年
47	湖南省“1+X”证书教学研究中心—物流管理证书	省部级	湖南省教育厅	2019年
48	湖南省高校大学生创新创业孵化示范基地	省部级	湖南省教育厅	2019年
49	首批湖南省“1+X”证书制度研究中心	省部级	湖南省教育厅	2019年
50	2018—2019年度湖南省高校心理健康教育先进单位	省部级	湖南省心理卫生协会、大学生心理咨询专业委员会	2019年

续表

序号	项目名称	级别	立项单位	立项时间
51	1人入选首批省级芙蓉教学名师，1人入选“湖湘青年英才计划”	省部级	湖南省教育厅	2019年、2021年
52	2020年湖南省普通高等学校就业创业工作一把手工程优秀单位	省部级	湖南省教育厅	2020年
53	湖南省“三全育人”试点单位	省部级	中共湖南省委教育工作委员会、湖南省教育厅	2020年
54	湖南省普通高等学校先进党校	省部级	中共湖南省委教育工作委员会	2021年
55	湖南省楚怡高水平高职学校建设计划A档建设单位	省部级	湖南省教育厅、湖南省财政厅	2022年
56	湖南省楚怡示范性职业教育集团计划建设单位	省部级	湖南省教育厅	2022年
57	湖南省楚怡产教融合实训基地计划建设单位	省部级	湖南省教育厅	2022年
58	湖南省“扫黄打非”优秀集体、进基层示范点	省部级	湖南省“扫黄打非”工作小组	2023年
59	2024年度湖南省物流人才培养先进单位	省部级	湖南省物流与采购联合会、湖南日报社	2025年
60	湖南省就业工作先进单位	省部级	湖南省教育厅	连续6年